文学部のリアル、東アジアの人文学

編 者
江藤茂博

新典社
Shintensha

序

　21世紀の日本の大学を取り巻くさまざまな環境の変化のなかで生じた人文学の危機というものをそもそもの出発として、この書物はまとめられている。社会的に誰もが必要と考えられる研究や明確に利潤を生む研究には、そのための研究費も相応に投入され、それに応じた成果も重ねられてきたのだと思う。そしてそれは、今後も続くことだろう。

　問題とされるのは、必要と思われにくい、また具体的な利益や利潤を生まない研究領域は、もはや縮小は避けられないのかもしれないということだ。ただやっかいなのは、哲学や思想そして文学など学問の基礎的な領域は、そこに関心を示さない人たちには必要と思われることもないということだ。医学に基礎領域が必要だと誰もが想像できるように、あらゆる学問にも実はそれぞれの基礎領域が必要なのである。そして、その基礎領域だけでの、いわば純化した総体をただ人文学というのである。人文学という研究対象そのものがあるわけではない。

　たとえば哲学や思想では、国や哲学思想家別に具体的な対象領域が、また文学では国や作家別に具体的な対象とされる領域があって、それらを総じて研究の存続が危ぶまれているのだ。といっても、それは近代的な大学制度の確立以後のことで、たかだか百年前後の日本の近代教育史の推移のなかで考えると、ひとつの制度内での存続の危機ではあっても、それが人文学という学問そのものの危機といえるかどうかはわからない。ただ、研究環境の劣化は、もちろんその研究や教育の存続の危機を招くといえるだろう。こうした話題の具体的な事例を、日本文学から日本学にやや限定して述べようと思う。

　領域としての日本文学研究ならば、中等教育での国語科教育ともリンクするので、研究として流通する場が確保される。しかし、ここで日本学という領域に定位するならば、言語学や歴史学と接点を持ちながらも、確固たる領域イメージができなくなる。ただ、そうであるからこそ、人文学の危機という問題が可視化できるのだ。

日本学という領域を仮設するならば、言語学や歴史学などの人文学だけでなく、社会科学の領域も必要だと考えることに異存はないと思う。そう考えると、学科などでの学びのカリキュラムとして、学部4年間の教育で簡単に組み立てられそうもない。しかしそんな総合性を持つ日本学は、この現代のグローバル化社会では広く求められている。

　つまり、人文学の危機とは、個別の基礎的な学問領域の危機だけを意味しているのではない。その一部が弱体化すると全体が揺らぎかねないからだ。人文学の危機は、統合的領域の危機でもあるのだ。自分たちの言語文化圏の向こう側にわずか一歩でも身を出すならば、こうした統合的な学問の知とそれを手にした分析力とで渡り歩くしかない異文化世界が待ち構えている。いや、情報に溢れる今日では、すでにそうした世界はもはや私たちの日常といってもよいだろう。そして、日本の経済力や文化の盛衰に興味を持つ海外の学生は、日本学を求めている。つまり、研究を支える市場性は、まずは東アジアの高等教育にあるのだ。そうであるならば、大きな学生数を持つ東アジアの高等教育機関と共同で教育研究を進めていくべきであろう。そこでは、統合領域での人文学の知の役割が重要なのである。

　しかし、事実として、日本の人口減による学校教育現場の縮小は、これまで文学部で展開されてきた人文学的な教育研究の弱体化を意味していた。人文学が中等教育の教科教育研究に支えられてきたからだ。また、教育学部系の教員養成強化は、学校教育の現場から幅広い人文学系教養を排除しつつある。

　この記録は、文学部に於ける人文学研究の揺らぎというテーマからはじまり、私が少しばかり参画した、東アジアでの日本学に関する人文学研究者たちの報告となっている。ここには、人文学の持つ重要な役割がさまざまな角度から示されているはずだ。

　　　　　　　　　　　　　　　　　　　　　　　　　江藤　茂博

目　次

序 …………………………………………………………江藤茂博　3

近代日本の文学部形成と「文学」概念 ………………………江藤茂博　7
　　── 「文学概論」を事例に ──

Ⅰ　文学部をめぐる状況

死と書(ふみ)と文学部 ………………………………………………塩村耕　19
文学部の逆襲・再論 ……………………………………………多田一臣　25

Ⅱ　私立大学文学部からの視点

読解力からメディア・リテラシーへ …………………………酒井敏　41
　　──「文学部」の学びで身に付く能力 ──
シンポジウムに向けて …………………………………………植木朝子　53
　　── 人生の本質へ碇をおろす ──
関西大学文学部の取組 …………………………………………藤田高夫　61
挑む文学部 ………………………………………………………江藤茂博　72
　　── 私学の人文学 ──

Ⅲ　東アジアの人文学の現在

古典学の現在

近代日本における文学概念の導入と中国古典学 ……………牧角悦子　85
日本の大学における古典学の現況……………………………町泉寿郎　93

日本語学の現在

中国の高等教育機関における日本語教育について …………………王宝平　99

日本学の現在

"Japanese Studies in the United States:Its Foundation in Anti-Catholicism"
　アメリカの日本学 ……………………………………… Kevin M Doak　113
　世界に開かれた台湾の日本研究 …………………………………徐興慶　127

IV　文学部・人文学の学問・制度

东亚的"汉文学"……………………………………………………………王勇　147
私立学校の力学×文学部の力学 ………………………………… 江藤茂博　180
文学部とは何か？ ………………………………………………… 鷲田小彌太　184

V　シンポジウムの軌跡

シンポジウムの軌跡 ………………………………………………五月女肇志　197
大東文化大学文学部の直面する課題 ………………………………河内利治　199
SRF・文学部共同国際シンポジウム　挨拶　文学部の現在 …………水戸英則　209
　──東アジアの高等教育　文学・外国語学・古典学／儒学

　　あとがき ……………………………………………………… 江藤茂博　211
　　執筆者紹介 …………………………………………………………………213

近代日本の文学部形成と「文学」概念
―― 「文学概論」を事例に ――

江 藤 茂 博

はじめに

　明治期日本の西欧化のなかで、近代的な国家建設のための人材育成としての各種高等教育学校が求められ、その再編と体系化によって帝国大学という頂点が成立することとなった。ここでは、特に文学部の成立とそこに配置された講座に注目することで、近代日本における「文学」概念の形成と高等教育とがどのように関係していたのかを検証する。それとともに、その後の高等教育の広がりによる西洋近代の文化移入が、日本の「文学」概念の受容と変容とにどのように関わったかにも留意して考えたいと思う。ここで、近代的な学問の成立と展開が、近代日本の「文学」概念の形成とどのように結びついていたのかを検討することは、日本の作家や評論家そして文芸作品と、教育や研究領域とがどのような関係にあったのかについての考察と重なることになる筈である。

一

　明治維新期に、幕府が持っていた教育研究のための各学校を統合するが、さらに再編された後に、1877（明治10）年には合同して東京大学（法学部・理学部・医学部・文学部）が創設される。それを1886（明治19）年3月1日制定の「帝国大学令」によって改称再編し、帝国大学は五つの分科大学（法科大学・理科大学・医科大学・文科大学・工科大学、後に農科大学が設置）で構成されることになった。そのなかのひとつである文科大学は、1877（明治10）年創設の旧東京大学文学部（当初は「第一史学、哲学及政治学科」「第二和漢文学科」、

再編を経て1885（明治18）年に「第一哲学科」「第二和文学科」「第三哲学科」となる）を継承した学科・カリキュラムの配置をみることになった。当時の文科大学は、哲学科、和文学科、漢文学科から成り、さらに新たに博言学科を設置した。翌1887（明治20）年には、史学科、英文学科、独逸文学科がそこに増設される。さらに1889（明治22）年、国史学科の増設と同時に、和文学科が国文学科、漢文学科が漢学科と改称されている。また同年末に仏蘭西文学科が増設されると共に、カリキュラムに「哲学概論」という科目が登場する。文科大学に各国文学科が設置されたのは、モデルとした欧米の近代的高等教育制度が、近代国家成立や国民文学勃興の動きに連動していたからだと考えられる。すでに17世紀から18世紀にかけて、欧米諸国では各国語文学がナショナルアイデンティティを支えるものとして評価されていた。近代日本における欧米諸国の文化的な受容においては、欧米文化に内在した国民文学を志向する力学も組み込まれていたのだろう。

　1897（明治30）年には、帝国大学は東京帝国大学と改称し、新たに京都帝国大学が設置された。1900（明治33）年、博言学科は言語学科に改称され、1904（明治37）年、九学科制は、哲学科、史学科、文学科の三学科に再編され、各学科内での複数専修制度が生まれた。文学科には、国文学、支那文学、梵文学、英吉利文学、独逸文学、仏蘭西文学、言語学の専修が設置されたのである。特に留意したいのは、各国文学専攻とそのほかの専攻との共通科目として、ここに「文学概論」という科目が設置されていたこと、その科目は哲学科の美学専修と文学科の各国専修で必修とされたことである。さらに説明を加えると「文学概論」は、欧米文学を専門とする担当者による科目であり、いわば総論として文学とは何であるのかを講じていたようである[1]。こうした科目講座の名称は、欧米の大学ではあまり見られないものであった。

　また、この文学部としてのカリキュラムは、当時の私立大学（制度上は専門学校）の文学部のカリキュラムにも影響を当然与えたと思われる。後に述べることになるが、帝国大学と資格取得などで同格であることを目指して私立学校は発展してきたからだ。だから、カリキュラムや科目、さらには担当

者が帝国大学と同じであることが、質的な保証に結びつくと考えるのは当然のことなのだろう。この「文学概論」の私立学校における開講設置の事例に目を向けるならば、早稲田大学文学部のカリキュラムがこのことを示していた。1905（明治38）年に留学から帰国した島村抱月は、その年の9月、早稲田大学文学部教授に着任する。その後、1909（明治42）年に、彼が担当した科目のひとつが、資料2から「文学概論」であることがわかる。1918（大正7）年に島村が死去した後、相馬御風が同科目を担当するが、その講義録が『早稲田大学　文学士　相馬昌治講述　文学概論　早稲田大学出版部蔵版』として出版されていた[3]。この書に先行して、島村抱月の『文学概論』が同所より出版されていた。この講座がどうして設置されたのかはここで明言されているわけではないが、帝国大学のカリキュラムが、さまざまな思惑を持って私立学校のそれに影響を与えた事例のひとつだと考えたい。

二

　私立大学が制度的に専門学校という位置づけから大学に格上げされることになったのは、1918（大正7）年制定の「大学令」による。この期に、大学としての私立大学が正式に発足する。このことは、帝国大学とほぼ同じ体制を私立大学に求めたということでもあった。しかし、この「大学令」が制定されると同時に、「帝国大学令」も改定されて、各帝国大学は分科大学制をやめて共に学部を設置することになった。だが、「帝国大学令」自体は廃止されてはいない。つまり、「帝国大学令」の下の大学と「大学令」の下の大学という、二つの大学制度が併存することになったのである。

　当時、この1918（大正7）年の「大学令」によって認可されていく私立大学文学部を見ていくと、帝国大学文学部のそれと同じようなカリキュラム構成になっているのに気づく。そもそも「大学令」以前の日本の私立大学（制度上は専門学校）は、帝国大学が外国人お雇い教師による外国語での講義であったのに対して、日本人教師による日本語での講義を行うというのが特色であった。18世紀末からほぼ30年にわたる欧米の学問の移入理解と、各私立大学

の教員及びその予備軍が海外留学から帰国することにより、日本語で可能な講座・カリキュラムを私立大学が設置できるようになったからである。

　そうであっても、「大学令」の下で、帝国大学に相当する私立大学としてのカリキュラムは、やはり帝国大学と同じ構成と水準であることが求められたのだろう。たとえば設置についての明確な審査が行われたわけでもなければ、どこかに具体的な設置基準があったわけでもない。しかし、私立大学側では、何よりも学生募集のために帝国大学と同等な資格付与の特権を求めていたことは容易に想像がつく。そこで、もし帝国大学のカリキュラムに準じていたならば、またもし同じ担当教員ならば、大学学部学科としての特権を持つことが認可されないはずはないと考えたのだ。私立大学は帝国大学と同等な資格付与の特権を早くから求めていた[4]。ここに、民間という経営の脆弱さと重なりながら、私学教員の人事構成とカリキュラムの方向性が私学に生まれることになる。

三

　帝国大学文学部から私立大学文学部へと展開する人文系高等教育の制度は、人文学が持つ教育の欧米型伝統が帝国大学文学部で再構築されて、旧制高等学校や旧制私立大学でも広がりを見せることになった。ここで科目として特に取り上げた「文学概論」が配置されたのが、1904（明治37）年であり、文学をめぐる時代状況は、新旧の自然主義が交錯している頃であった。日本的な自然主義が大きく広まろうとする前夜と言い換えてもよいだろう。1906（明治39）年に島崎藤村『破戒』が出版され、1907（明治40）年には田山花袋『田舎教師』が出版される。この日本的な自然主義は、さらに1907（明治40）年の「新小説」9月号に掲載された田山花袋の『蒲団』で大きな反響を生む。この期は、「早稲田文学（第二次）」が1906（明治39）年、島村抱月を中心に復刊され、自然主義文学の拠点となった年である[5]。

　こうした文学の動きを重ねると、学問世界では、いわゆる日本的な自然主義に対する西洋文学の正統な移入がこの科目を通して強調したのだろう。そ

して、1910（明治43）年前後から大きく活動を開始する反自然主義の作家たちや、さらにその後の作家・知識人の文学の概念形成に、高等教育機関での科目「文学概論」[6]は大きな影響を与えたのではないか。耽美派、高踏派、白樺派と反自然主義的な立場を取る作家たちは、いずれも「文学概論」が文学部に設置された時期に高等教育を受けた人々であり、さらに1910（明治43）年以降に活動を始める芥川龍之介ら新現実主義を標榜した作家たちの多くは「文学概論」の受講学生でもあった。すくなくとも、大正時代の中頃には、先に注記したように松浦一による「文学概論」が開講されていたのである[7]。この各大学の文学部のなかで科目として持続していくことになった「文学概論」の特色は、その担当者が、帝国大学において外国文学の研究者であったことである。学者という意味での非文壇的な立ち位置、さらに専門領域による西欧文学への知識といわゆる人文学的志向性は、フィクションによるリアリズムに文学の芸術的な価値を置くことになったのではないか。そしてあらたに設置認可されようとする私立大学文学部の「文学概論」においても、帝国大学の担当者の専門領域がそのまま踏襲されたのだった。

四

　「文学概論」という科目を通して、ハイカルチャーとしての文学概念が広がったのは、高等教育が整備されていくなかで、帝国大学のカリキュラムが私立大学文学部などの後発学校のそれのモデルとなったこと、しかも同じ担当者が、私立大学でも講座を受け持ったことなどがひとつの理由として想定できるだろう[8]。これは、高等教育を受けた教養人が出版ジャーナリズムや中等教育で文芸的な活動をした背景についての考察である。そして、彼らが学んだ欧米文学をモデルとした文学概念は、高等教育での「文学概論」という科目を通じて、その正統性が保証されることになったのだ。ただ、正統な文学概念を「文学概論」から手に入れたとしても、前提としての各国文学という分類に必然的に組み込まれていたナショナリズムには、教員も学生も気がつきにくかったのだろう。日本は、そのすぐ後、1910（明治43）年の日韓

併合、1914（大正3）年の第一次世界大戦参戦を通じて、ウルトラナショナリズムの時代に突入する。各国文学をチャート化して文学概念を構築したことで、文学とナショナリズムの関係が見えにくくなったのだ。この日本が歩んだナショナリズムの方向と重なるように、日本文学に特化した「文学概論」がやがて書物として登場する[9]。先行する各国文学に相当するものとして日本文学の時代区分を重ねたのだから、やはりそこに孕むナショナリズムの問題は見えない。言語に含まれている政治性に気がつかないまま、表現としての文学の問題だと純粋に認識されたのではないか。「日本浪漫派」の問題も実はそこと結びつくのではないかと思う。ただ、そうした話題はまた別の稿に譲るとして、ここでは第二次世界大戦後の展開に軽く触れて、この稿を閉じるつもりである。

五

　第二次世界大戦での日本敗戦そして連合国軍による占領下で、学制改革が行われた。1945（昭和20）年9月の降伏文書調印から1951（昭和26）年9月のサンフランシスコ講和条約調印とその発効の翌年4月までは、連合国軍総司令部による占領統治の下でさまざまな改革が行われることになった。教育に関しても民主化が望まれ、大学も新制大学を発足させるために、「大学設立基準設定協議会」を「総司令部民間情報教育部の薦めに依り、自ら座長を選挙し自主的運営をすることになった」が、さらに地方の大学の意見も聞くために、「大学設置基準に関する全国大学連合協議会」[10]を開く。まだ占領下の、1947（昭和22）年12月のことである。これは、現在にまで続く、参加大学による相互評価というアメリカ型の高等教育育成制度が開始されたことでもある。

　当初のここでの設置基準は、概略的なものであったが、徐々にまとめられて制度として体系化されていくことになる。旧制の官立大学等は、1949（昭和24）年5月施行の「国立学校設置法」によって69の新制国立大学が発足する。しかし、戦前期は「大学令」での認可であった私立大学は、基準を満

たしたからか、その一部が前年の1948（昭和23）年に新制大学として発足する。ちなみに、科目に関する大学基準協会が示した設置基準を見ると、一般教育科目としての「文学」は示されてあるが[11]、「文学概論」という科目は示されていない。さらに1949（昭和24）年に大学基準協会が示した設置基準にも、一般教育科目に「文学」、専門科目に「国文学」「外国文学」が示されているが、「文学概論」という科目は示されていない[12]。

では具体的に新制大学から「文学概論」が消えたのかといえば、そんなことはない。たとえば、早稲田大学での本間久雄による「文学概論」は、1950年代まで続く。二松學舍大学でいえば、1928（昭和3）年設立の二松學舍専門学校、1929（昭和24）年設置の二松學舍大学文学部には、共に「文学概論」が設置開講されている。第二次世界大戦後は、新興の映画と共に文学も大きな力を持った時代であった。1954（昭和29）年にベストセラーとなる伊藤整『文学入門』[13]（カッパ・ブックス　光文社　1954年10月）に見るように、文学の時代だった。ただ、新制大学での「文学概論」については、さらに別の要因も関係していると思われるので、次の機会に述べていくことにしたい。

注
1　『東京帝国大学五十年史』に、「明治四十三年改正」のものとして「文学科　各専修学科共通授業科目　哲学概論　心理学概論　文学概論　言語学概論」とある。（『東京帝国大学五十年史』下巻　第五章文科大学　p399　1932年11月）なお、同五十年史には、文学概論の担当者は明記されていない。後に、「此書は私が一昨年『文学の本質』を発表した後、最近に東京帝国大学文科大学で文学概論として講じたものに基いたものであります」（『生命の文学』東京寳文館　1918年1月）と書いた松浦一の名前は、講師として「明治四四」より「大正一四」まで在職していることを知ることができる。このため、担当者は松浦一と類推できる。
2　1909（明治42）年刊行の「島村瀧太郎口述」「文学概論」は、早稲田大学明治四十二年度文学科第一学年の講義録である。
3　その後の「文学概論」という書物によく見受けられる冒頭の説明なのだが、この相馬の「文学概論」もまた「文学と云う言葉の吟味から始めて」いた。そして、「此の文学と云う言葉の使用されたのは、もともと支那から文物の輸入された後のこと」といい、それ以前の「民族固有の言葉」として「幽り事」と「顯は事」を指摘説明するが、すぐに「今日吾々

が使用してゐる文学と云ふ言葉そのものはこれは云ふまでもなく支那に起源を有するので、之れが語義は矢張り一應彼の国に於ける使用法について詮索されなければならぬ」といい、そのまま「この事については故島村瀧太郎氏の『文学概論』中に一通りの説明が與へてあるから、それを茲に借用することにする」と続けていた。故島村瀧太郎とあるのは、抱月のことである。抱月は1918（大正7）年に没したので、この「相馬昌治講述」の「文学概論」が書かれたのはそれ以後ということになる。しかし、相馬が早稲田大学で講師となったのは1911（明治44）年であり、抱月が死去した年には故郷の新潟に戻っているようである。そうであるならば、「講述」したのは抱月の死後であったとしても、彼自身の大学の講義と無関係ではなかっただろうし、何よりもこの時期の科目「文学概論」の内容の傾向を示すものであるはずだ。

4 早くより教員免許検定試験対策の講座を開いていた私立哲学館は、すでに1894（明治27）年に「私立哲学館卒業生教員免許無試験検定願書」を文部大臣に提出していた。5年後に無試験での「師範学校中学校等の教員免許」が認可される。その後取り消されるが、「専門学校令」による学校となって再度「願書」を提出する。再び無試験で中等学校の教員免許が取得できるようになった。以後、その教科を増やすのだが、1928（昭和3）年にはその申請書に「高等師範学校ノ学科目ニ準ジ」と書いてあった。こうした動きは、私立学校が、その経営維持のために必然的に官立大学に準拠する方向を持っていたことの事例である。もちろんこうした事情は、どこの私立学校でも同じように見受けられるものであり、そして現在まで続いている。

5 すでに本文では触れたが、東京帝国大学が1904（明治37）年に、早稲田大学は1909（明治44）年までには設置開講したことが想定できる。

6 確かに自然主義文学の理論を主導していた島村抱月ではあるが、講義としての「文学概論」が1909（明治44）年以降だとすれば、いわゆる自然主義退潮期に入っている。文学史的には、反自然主義への流れがすぐそこまで来ていたのである。そのことと高等教育での文学教育との関係はけっして無関係でははないはずだ。しかし、抱月の「文学概論」の内容は特に自然主義文学を学ぶ教本というわけではない。

7 1913（大正2）年に芥川龍之介は東京帝国大学文科大学英文学科へ進学した。残念ながら証左となるような記述はないが、前後で触れた松浦一については、1916（大正5）年1月12日「読売新聞」に掲載された「松浦一氏の『文学の本質』に就いて」という書評で、松浦一が講義を担当していたこと、そこに学生芥川龍之介が受講していたことが示されていた。

8 その後、旧制東洋大学では、1927（昭和2）年のカリキュラムに「文学概論」という科目が登場している。1929（昭和4）年の「学科課程」では、他で西洋哲学系の「美学」を担当する村田良策から受け持ち、1933（昭和8）年のカリキュラムではイギリス文学を担当する田部重治が受け持っていた。さらに同大学1942（昭和17）年のカリキュラムでは、東京帝国大学文科大学で「文学概論」を担当していた松浦一が、ここでも同科目の担当者

となっている。また、旧制大正大学での「文学概論」担当者も松浦一だった。
9　早くは、1928（昭和3）年に刊行された三浦圭三の『綜合新文学概論』（啓文社書店 1928年10月）は、900ページ弱の大著であるが、その「序」でこの書の特色の五番目として「国文学的　これまでの文学概論は大抵外国文学ばかりを例にあげて国文学の例はホンの少しばかり申訳的にあげられたやうのが多いと思ひますが、それが為に国文学を研究せられる方はきっと一頃の私同様にお苦しみのことと思ひますし、たとひ外国文学を研究する方でも、矢張祖国の文学を出発点となさるほうが理解され易からうと思ひましたので本書の引例は大部分国文学から取りました」と書いた。
10　『会報』（大学基準協会　第一号　1947年4月）による。
11　注10に同じ
12　『会報』（大学基準協会　第四号　1949年4月）による。
13　カッパ・ブックスは、1954年10月に光文社より創刊された、大衆的な教養書を目指した新書版書籍のシリーズ。創刊は、この伊藤整『文学入門』と中村武志『小説サラリーマン目白三平』である。

I

文学部をめぐる状況

死と書(ふみ)と文学部

塩村　耕

　2014年の3月でしたか、名古屋大学で「文学部の逆襲」というシンポジウムをやりました。実はその2年前に同じタイトルのシンポジウムを提案したところ、執行部の人たちから、そんなテーマでは人が集まらないなどと反対されて、却下となりました。ところが、その後、文学部をとりまく状況がますます悪化したこともあってか、実現することとなりました。蓋を開けてみますと、思ったよりもはるかに多くの方に来ていただき好評で、新聞や雑誌など色々なところで取り上げてもらいました。報告書も、風媒社という名古屋の本屋さんが引き受けてくれて、市販のブックレットとして刊行されました（現在は品切れ）。嬉しかったのは、今回もそうですが、その後、同じような催しをして下さるところが出てきたことで、たとえば、この11月に大阪市立大学で、タイトルも同じ「文学部の逆襲」というシンポジウムをやってくれるそうです。来年の3月には、大阪大学でもパート2をやって下さるという。こんな風に、あちらこちらで反撃ののろしが上がれば何よりのことです。もちろん、それで人文学の置かれた困難な状況がすぐに変わるわけではないのですが、日本の文学部も歴史が長い、このあたりで一度、我々はいったい何をやっているのか、それはいったい何のためなのかということを、教員も学生も卒業生も含めて考え直し、また世間に対して語りかけるというのは、とても良いことではないでしょうか。口火を切れということで20分ほど、お付き合い下さい。話のキーワードは「死と書(ふみ)」です。

　これ（写真1）は私が毎日のように通っております、愛知県西尾市の岩瀬文庫です。恐るべき古典籍の宝庫で、ご存じの方も多いと思います。今はこ

写真1

んなにきれいな建物で、本好きにとってはパラダイスのような場所になっていますので、ぜひお越し下さい。私がやりたかったのは、ここにある膨大な古典籍について、内容やモノとしての特徴がわかるような、詳細な記述的書誌データベースを拵えることで、もう少しでゴールというところまで来ましたが、ここまでで17年もかかってしまいました。データベースは既に岩瀬文庫のHPから公開されています。その仕事に打ち込んでいるうちに、いつとなく脳裏を廻るようになったのが、先ほどの二つのキーワードなのです。

このところ、深くお付き合いしている故人の一人に、村上忠順という方がいます。三河碧海郡堤村（豊田市）のお医者さんで国学者、幕末明治を生きた人です。国文学関係書を中心に膨大な書物を一代で集めた蔵書家で、本は現在、刈谷市中央図書館に村上文庫として収蔵されています。一方、その後裔の村上家には、日本全国の知人から忠順に送られた書簡資料が大量に保存されています。これがまた、昨日着いたかと思うほど、ぴかぴかのきれいな状態でして、それは決して偶然ではなく、きちんと残すのだという忠順さんの強い意思によって大事に保管されたのだと思います。

これ（写真2）は、忠順さん自身の51歳の時の手紙です。この直前に長男の忠明19歳が大阪に出奔した。今と違い、昔の人は親孝行なので、家出といってもちゃんと親に連絡を寄越すものですから、それに対して忠順さんが

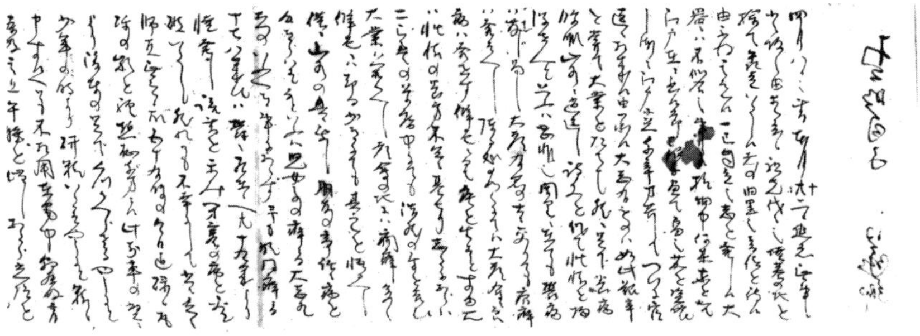

写真2

出した手紙です。

　忠明が家出をした真の目的は、当時のことですから、尊王攘夷運動に身を投ずることにあったのですが、親に寄越した手紙には、田舎にいたのでは気が晴れない、今でいう神経症みたいな状態になって堪えられないから、都会に出てきたと書いてあったらしい。それに対して、忠順さんは息子のふだんの生活態度から何から、もう、けちょんけちょんにやっつけます。ただ、その後でこんな話をしてはります。

　　予も頗（すこぶ）る同癖にて、十七八歳頃は鬱々（うつうつ）罷（まか）り在り候（そうら）へ共（ども）、十九歳より奮発し、読書を楽しみ、閉塞の病を看破いたし候。然れども、不幸にして書に乏しく、師友無之（これなく）候故、五十有餘の今日迄、碌々瓦礫（ろくろくがれき）の齢（よわい）を経、慙恥千万（ざんちせんばん）に候。

　自分も若いころ、同じような精神の不調に苦しんでいた。ところが、それを読書によって、何とか解決したというのです。ただ田舎住まいで蔵書がなくて苦労したという。忠順が偉大な蔵書家となる、その原点みたいな体験が、切々と語られています。どうです、良い手紙でしょ。

　ちなみに、この息子さん、実は数年後に若くして病気で亡くなってしまうのです。忠順さんは息子の遺品の中から、この手紙を見つけた時には辛かったに違いない。何でもっとやさしく言ってやれなかったんだろうなどと、慙

愧の思いで一杯やったと思います。それでも忠順さんは書の鬼やね、そんな自分にとって読むのも苦しい手紙でも捨てずに残しはった。そのおかげで、我々は今これを読んで感動することが出来ているのです。

　もう一人、渡辺政香という人をご紹介しましょう。この人は江戸時代後期、西尾の西南、三河湾に近い方にある寺津村という所の八幡神社の神主さんで、国学者です。『三河志』という総合的な地誌を編纂した、三河では有名な人です。この人が書物に大変な情熱を傾けた人で、神社に文庫を作った。それもただの蔵書の集積じゃなくて図書館として、です。明治時代に岩瀬弥助が莫大な私財を投じて、古典籍専門の岩瀬文庫を拵えたのは、この郷土の先人である渡辺政香の志を受け継いだものであることが、近年わかってきました。

　外にも東三河の羽田野敬雄、幕末明治の人で、吉田宿（豊橋）にほど近い羽田八幡宮の神主で国学者、この人も神社に文庫を付設して、図書館として公開していますが、明らかに渡辺政香の影響を受けている。三河には、大名などではなく、草の根的に、民間に書物を重視する文化風土があるのですが、その源流に位置するのが渡辺政香です。

　その蔵書は、現在、岩瀬文庫に吸収されており、その中に政香が作った蔵書目録がありまして、その冒頭に長文の漢文で文庫の設立趣意書みたいなことが書いてあった。悉皆調査の過程で、初めてこれを読んだ時に、頭をがつんと打たれたような強い衝撃を受けました。その要旨はこういうことです。何を宝物とするかは人によりさまざまであるが、人間にとって最も大切なことは明徳聖心、つまり精神的に高い境地に達することである。自然にそんな境地に至る達人もたまにはいるが、多くの人は、そこに達する階梯として書物を必要とする。だから、結局、究極の宝物は書物だという。そこで多くの人の支援を受けて、この文庫を開設し公開した。そしてモノは皆で楽しむのが一番である。文庫の蔵書を見たい人があれば、喜んでお見せしましょう。そして、書物を通して一緒に「日新」、つまり不断に自己を改善しようと思う、と結ばれます。これは日本の図書館史上に燦然と輝く名文ですので、是非原文をご覧になって下さい（2016年12月に刊行したブックレット『三河に岩

瀬文庫あり——図書館の原点を考える』に全文と語注を掲載しています)。

　さて、人間は死んだらおしまいという意見というか人生観があります。それも一理あるのかもしれませんが、そういうのこそ、人文学からもっとも遠い考え方ではないでしょうか。思うに人間には三種類ありまして、「過去を生きた人」、「現代を生きる人」、「未来を生きる人」がある。この三種類は何れもその人権を尊重しないといけない。文学部の主な仕事は、このうち「過去を生きた人」の面倒を見ることであると私は考えます。つまり、主に書物を通して、死者と対話をすることです。ただ、それは簡単ではない。さまざまな専門的な技術を磨かなければいけません。そして、そういうワザや昔の人に接する態度を次世代に伝えてゆかないといけません。そういうことこそが、文学部の仕事ではないでしょうか。こういう根本的なことを、今一度確認しておきたいと思います。

　ただ、今の大学は同時代的な要請、しかも長期的な展望を欠いた要請が多すぎて、そういった根源的なことを考えにくい状況にある。憚りのある話かもしれませんが、たとえばシラバスというのを我々は要求されます。1時間目の予定はこれこれ、2時間目の予定はこれこれなどとやって、最終的にこの講義を受けた人はこれこれの能力が身につきます、と書かされるアレです。そんなものが通用するとすれば、それは大学じゃなくて、教習所です。大学、特に文学部の授業というのは、教員と学生とが同じ方向を向いて、古書をいかに読み解いてゆくのか、共に切磋琢磨して技術を磨く場です。しかも、それは一度やったら終わりではなく、体験を繰り返すことにより血肉化してゆく必要がある。そんな風にして、過去を生きた人と感を同じくする経験を積み重ねることが、すなわち「教養」なのだと思う。そうやって初めて、過去を生きた人を尊重する感覚が身につくのです。

　一番重要なのは、過去の人間を大事に思う感覚なしに、未来の人間を真に大切にすることなどできないということ。絶対にできない。口だけではなんぼでも言えますよ、「未来の子供たちのために」とか何とか。ただ過去の人と対話をしたことのない人が言ってもむなしく聞こえるだけです。原発の再

稼働を推進するような人は、こういう輩なのです。過去の時代との連続性を体感した者ならば、これはちょっとおかしいぞ、気持ち悪いぞと感ずるはずです。本日のテーマと平仄を合わせますと、過去の人間と対話して得た知恵や感覚でもって、現代社会に対して異議申し立てをしてゆくこと、つまりたたかうこと、これも、やっぱり文学部の責務ではないでしょうか。

　ただし、人文学も、旧来の営みにあぐらをかいて、先輩たちがやってきたことを繰り返すだけでは、どうしても縮小再生産になりますから、面白くありません。我々の方の分野でいいますと、戦後の人文学の最大の功績の一つは、国書総目録の編纂です（現在は、紙媒体は歴史的役割を終え、国文学研究資料館の日本古典籍総合目録データベースがその機能を強化して継承する）。1960年代から70年代にかけて、全国の多くの研究者が参加協力して編纂、岩波書店から刊行されました。その前後で、学問のレベルの期を画するほどのことになりました。

　それに比べて、21世紀を生きる私たちは何をやっているのでしょう。そろそろ全国の研究者が一丸となって、人文学の研究基盤を画期的に改善するような取り組みを始めないといけない。僭越ですが、私が岩瀬文庫でやった、詳細な記述的書誌データベースというのは、そういう思いが背景にありました。こんな風なデータベースが、日本全国のあちこちの文庫図書館で出来たら、素敵な事態が現前するはずです。あるいは、国文学書のみならず、日本のあらゆる古典籍について、全文テキストのデータベースをみんなでよってたかって作ったならば、完全な国語辞典がそこに出現し、日本の人文学の様相が文字通り、一変することでしょう。岩瀬のデータベースでは一部に全文テキストも付けていますが、夢のテキストデータベースの、ささやかな萌芽のつもりなのでした。どうも、人文学のなすべきことは、まだまだ多いようです。

　本日の先陣を切って、一本目の矢を以上のように放ってみました。

文学部の逆襲・再論

多 田 一 臣

　いまの塩村さんのお話、つよい共感を覚えながら聞いておりました。そこで私の話なのですが、ひょっとすると少し後ろ向きの暗い話になるかもしれません。もう一つ申し上げなければならないのは、私の話には前提があることで、その要点をお手許の予稿集に記しておきました。以下、それを転記しておきます。

　文学部の学問、言い換えるなら人文学が、次第に危機的な状況を迎える中、それに抗する意味で、塩村耕氏の企画により、名古屋大学文学部において「文学部の逆襲」と題するシンポジウムが開かれたのが、2014年3月、その報告書（塩村耕編『文学部の逆襲』、風媒社）が刊行されたのが翌年3月のことになる。
　シンポジウム「文学部の逆襲」、その報告書は、一定の好意的評価を受けたものの、それはいわば仲間内の評価であり、遺憾ながら世間一般の関心を得るにはなかなか到らなかったように思う。
　一方、報告書刊行の直後、2015年6月文部科学省が示した「国立大学法人等の組織及び業務全般の見直しについて」という通知は、人文社会系学部の廃止・転換に言及しており、こちらは大きな反響があったように思う。世間的には、この通知は、人文社会系の分野は大学においてはもはや不要であることの宣言として受けとめられ、それへの反論があちこちから示された。日本学術会議がいちはやく反対意見を述べたのは当然として、驚くべきは、財界の総本山ともいうべき経団連が大きな危

惧を表明したことである。それに慌てたのか、文部科学省はそうした意図、つまり廃止・転換を具体的に求める内容ではないとして、弁明を重ねたことは記憶に新しい。とはいえ、それは通知の撤回ではない。通知の一部が誤解されたにすぎないとするのが、その言い分だったからである。

　この通知を受けてか、さらにはそれ以前からの動向を先取りしてか、国立大学法人の中には、人文社会系学部の転換に向かおうとする大学も増えている。2015年10月22日付けの毎日新聞によれば、2016年度以降、国立大学法人の中で、人文社会系学部・大学院の組織見直しを計画しているのは33大学あり、そうした学部・大学院がある60大学の半数超に上るという。

　なぜこのような仕儀になっていくのか。基本的には実学偏重・理系重視の流れがあることはたしかだが、つまるところは大衆化社会の中の大学というところに行き着く問題であろう。それについての批判はすでに「文学部の逆襲」で述べたので、ここでは繰り返さない。

　とはいえ、今回のシンポジウムでは、右の問題をもう一度おさらいすることとし、その上で、文学部の現状について、私が感じているもう一つの危機についてお話ししてみたい。それは、文学部のある意味での生命線ともいうべき教員養成、より正確には中等教育の教員養成の問題である。文学部において教員養成が次第に困難になりつつある状況を確認し、その危機にどう立ち向かうべきかを改めて考えてみたい。

　以上が、予稿集に記したことになります。そこで、本日申し上げたいことなのですが、それは、人文学の危機、つまり文学部の学問が危機に陥っている理由は何かということになります。これについて、私は大衆化社会が生み出した状況、そこに踏み込まなくては、理解ができないのではないかというように考えております。本日は、それと同時に、上にも記しました教員養成の問題についてもお話ししてみたいと思っています。教員養成が文学部にお

いて、非常に難しくなっているという現状をどう考えるかという問題です。

　まずは大衆化社会の中の大学という問題からお話しします。大衆化社会が生み出されるきっかけは高度成長期にあるわけですが、私（1949年2月生まれ）くらいから上の世代でないと、これをどう捉えるかというのは、知識としてはともかくも、実感としてはややつかみにくいのではないかと思います。
　高度成長期以前には、新しい知識を獲得する渇望は、あらゆる世代に共有されていました。大学進学率も低く、1965年には13％、男子のみでは21％ほどとされていますから、この当時、大学生はまだ知的エリートというように見なされていたかと思います。
　私の世代では、中学を終えて就職するものもかなりおりました。大学進学は目指さないということで、――その多くは経済的な理由からですが、あえて商業高校に進むものもおりました。当時の商業高校のなかには、――私は東京出身なので、都立高校での印象で申しますが、名門校と呼ばれるような学校もたしかにありました。知識への渇望を支える教養主義が中等教育も含めて、まだ教育の場につよく残されていたように思います。
　それが崩れるのが、大衆化社会が生まれてからのことになります。かつては貧しいために高校に進学できない生徒がかなりおり、日教組を中心に、高校全入運動が展開されたことがあります。ところが大衆化社会が到来すると、そうした運動とは無関係に、いつのまにか全入が実現してしまうのです。しかし、そのことがかえって、知識への渇望が影をひそめ、教養主義が意義を失うこととも相俟って、結局、無目的なまま進学する生徒をいたずらに増やしてしまう結果をもたらしたように思います。
　大学でも事情はまったく同様です。いまやすでに全入に近い状況になっています。大学に行きたければ、誰でも行ける時代になったということです。その結果、ここでも無目的なまま大学に進学する学生が増え、学力の低下も著しくなっています。私は、いま二松學舍大学に勤務しておりますが、その前は千葉大学文学部で14年、東京大学文学部で19年間、国文学の教員とし

て勤めておりました。このように文学部でずっと勤務してきたわけですが、この間、学生の学力の低下がかなり深刻になっていることを感じるようになりました。最上位の学生の学力はあまり変わらないのですが、底辺の学生の学力は、かつては考えられなかったほどに低下しています。しかも年々ひどくなる一方です。国文学科ということで申しますと、そこに進学する必然性を持たないような、目的意識の希薄な学生が増えている。これはたぶんどこの大学、どこの国文学科でも同じではないかと思います。

　それでは、こうした学力低下の現状に対して、きちんと対処するはずの教育政策はどうであったかというと、これはかなりお粗末というしかありません。まったくの現状追認に終始するだけといっていい。何の目的意識もなければ、そうした状況に対する提言らしきものも見られません。

　一方、こうした状況に対して、大所高所から指針を示す役割をもつべき政治家も、かえって状況を悪いものにしてしまっています。その背景には昨今の政治家の驚くような質の低下があります。かつては、自民党には文教族というのがいて、彼らの意見に対しては、私などは大いなる異論を持ったりしたわけですが、それにしても彼らは勉強だけはきちんとしていた。いまの文教行政にかかわる政治家には、そうした姿勢がまったく感じられない。これは実に困ったことです。

　ここで、大学教育ではありませんが、ちょっとおもしろい資料があるので紹介しておきます。文部科学省が編纂した『学習指導要領解説　国語編』（平成22年6月）の高等学校「古典A」の「性格」について述べた文章です。これがなかなか興味深い。引用してみます。

　　時代がいかに変わろうとも普遍的な教養があり、かつて教養の大部分は古典などの読書を通じて得られてきた。また、古典は文化と深く結び付き、文化の継承と創造に欠くことができないものである。

　抽象的な文言ですが、至極まっとうなことが述べられています。ただし

「時代がいかに変わろうとも普遍的な教養があり」と「かつて教養の大部分は……」とあるところには微妙な断層があります。普遍的な教養、人文知の意義を認めながらも、教養主義の衰退を意識せざるをえない、解説執筆者の複雑な思いが現れているように思われるからです。

　そのように、いまや人文知の衰退は極まったといえるように思います。「教養主義の没落」です。すべてが「下流化」（大衆化社会の中で、あらゆるものの価値基準が、「下流」のところに置かれるようになること）していく。この「教養主義の没落」や「下流化」というのは、竹内洋さんの用語ですが、その「没落」の果てに、人文知など無用であるとする、人文学無用論が突き付けられるところにまで至ってしまったわけです。しかもそれが、予稿集に記した文部科学省の通知、つまり人文系の学問は再編すべきではないか、との通知にもつながっていくことになるわけです。

　さらに、これとともに現れるのが、実学偏重、理系重視の路線です。これについての批判は、先の「文学部の逆襲」の報告書に記しておきましたので、ここで再言することはいたしません。それをご参照いただければと思います。

　そして、ここからまた暗い話になるのですが、大衆化社会ということで申しますと、近年、私はもう一つの危惧を覚えております。いまの若い人たちを見ていますと、皆が勝手に生きるということを当たり前のように考え、それを妨げるようなありかたを極度に嫌うような風潮が蔓延しているように感じられます。自己中心的といってもいいのですが、別の言い方をするなら、他から干渉されることを極度に嫌うような風潮ともいえる。しかも驚くのは、その周囲、社会の側も、それに対して案外と寛容であることです。

　もともと人は一人では生きられない動物ですから、必然的に社会を構成します。しかし、一人ひとりが勝手なことをすれば社会が崩壊しますから、そこに一定のルールが生まれます。しかし、今やそうしたルールを、若い人たちは感覚的に拒否しているように見える。それは自由とか権利とかを主張するというのとも、たぶん違っている。さらには、国家主義一辺倒だった戦前

の、そうしたありかたに抵抗するというのとも違っている。ただただ、自分自身がそういう社会のルール、対人関係によって傷つくのを厭うような心のありかた、そうした心性を、とりわけ若い人たちがもっているように見える、ということです。しかも、繰り返すように、周囲はそれに対して驚くほど寛容であり、私くらいの年齢の人間からすると、ずいぶんと優しくなったものだと感じます。

　二松學舍の図書館の館報に「季報」というのがあるのですが、その「新入生におすすめの本」の欄に、これは子ども向けの絵本なのですが、『みんなの世界』（岩波のこどもの本）をその推薦書として挙げておきました。どういう本かというと、マンロー・リーフというアメリカ人の書いた（描いた）本なのですが、民主主義とは何であるかということを、きわめて分かりやすく説明したものです。要は、先にお話ししたことと同じなのですが、人は一人では生きられないから、社会を構成する。その社会を維持するためには一定のルールが必要になる。──このことを絵と文章とできわめて分かりやすく説明しています。ところが、この本に寄せられた感想、アマゾンなどの感想を見ていると、色々出て来るのですが、それがまことに興味深い。というよりも、私からすると「一体どうなってるの？」という感じになるのです。そこに取り上げられている困った人物、たとえばナマケモノとかフワフワさんといった、言い換えると自己中心的な人物を擁護する意見が、そうした感想の中に、案外多く見られるのです。しかも、この本全体に対して、「堅苦しい、窮屈すぎる」といった批判もあったりします。要するに、他からの干渉をできるだけ拒む、知らない人とはできるだけ関わりたくない、といういまの風潮とみごとに対応する感想が出て来ています。

　そこで、これも予稿集に書名を挙げておいたのですが（先の引用では省略）、池田潔『自由と規律』（岩波新書）。これはちょっと古すぎるかもしれません。イギリスの戦前のパブリックスクールのことを扱っていますから。しかし、この本がいまでも意味をもつと思うのは、自由とは勝手なものではないこと、つまり放縦とは違うということを述べているところにあります。ただし、こ

れはイギリスの階級社会、そのパブリックスクール（しかも戦前の）での生活が基本になっていますから、いまさらそんなことを言っても仕方のないことなのかもしれません。しかし、noblesse oblige の理念、そこには階級差がつきまとうわけですが、それにしても自由には一定の規律（＝責任）が必要だということを主張しているところは、とても大事だと思います。いまや過去の考えにすぎない、として片付けられてしまうのかもしれませんが……。

　しかし、これをあえて挙げたのには理由があります。負うべきはずの責任を、いまや誰も取ろうとしないからです。そのことは、東日本大震災の原発事故後の日本政府（政治家）や東京電力の責任者（幹部）などの態度を見るとよくわかります。あれだけの難民を作り出しておきながら、誰一人責任を取った形跡がない。昔の武士の倫理感があれば、これはあきらかに切腹物でしょう。あるいは蟄居閉門。要路にいた人間は、少なくとも社会の第一線から身を退くべきでしょう。ついでながら、東京オリンピック開催の目的に東北復興を標榜する破廉恥ぶりには、いまも呆れかえっています。

　私は、ヨーロッパ（ドイツ、フランス、イタリアのみですが）の大学の日本学研究者と交流がいろいろあるのですが、彼らに、日本の学生、とくに大学院生の印象を聞きますと、総じて「幼い」「ひよわ」という言葉が出てきます。「しっかりした者もいるけれども」という条件はついているのですが、なるほど、ヨーロッパの学生に比べて幼くひよわであること、——私もそれをつよく感じます。ヨーロッパの学生は、これも総じてですが、もっとしっかりしています。この幼さ、ひよわさは、先に述べた周囲の優しさに見合うものではないかと思ったりもしています。

　大衆化社会の中の大学の状況の一端が、こうしたところにも現れているのだとすると、今後の大学の学問、とりわけ人文学の将来はどうなっていくのか、そのことに大きな危惧を覚えざるをえません。

　人文学とは、これは私の捉え方ですが、次のように考えています。人間——それを一人ひとりの個体と捉えると、それぞれの個体は、みな違っている。資質や能力、感性、価値観、とにかくあらゆるものが違っています。肯定的

にいえば、みなそれぞれが個性をもっている。そのばらばらな個性が、それぞれの生き方を勝手に主張しはじめたら、社会は崩壊します。以上は、先ほど述べたことの繰り返しです。そこから、一人ひとりの個体と社会の関係を考える学問が生まれます。それが人文学です。人文学をよく哲・史・文に分けますが、その関係を個体のありようも含めて原理的に考えるのが哲学や思想であり、その関係を時間の軸で考えるのが歴史学です。では文学はどうかというと、文学は言語表現を直接の対象としますから、言葉によって生み出される世界を考えるのが、まずはその役割になります。絵画・音楽・身体、いろいろな方法で、世界を表現することはできますが、言葉のもつ普遍性はそれらにまさります。さらに、言葉は独自なはたらきをもちます。言葉は、現実とは異なる別の世界を作ることができるということです（この点は、絵画・音楽・身体なども同じです）。それは、人間の想像力の問題でもあります。いずれにしても、そうした言葉のありかたを考えていくこと、それが文学という学問の役割だと考えます。人間の思考は言葉によらざるをえませんから、哲学や歴史の基礎も言葉にあります。文学はだから、人文学の基礎学でもあることになります。要するに、文学部の学問、人文学の役割は、哲・史・文などと分かれてはいますが、一人ひとりの個体と社会の関係を考えるところに行き着くわけです。言い換えるなら、人文学とは、世界の根本を考える学問だということになります。

　そこで、先ほどの危惧に戻ります。そうした人文学の役割とか意義を、自分自身の問題として突き詰めていくような思考が、今のひよわな学生から生まれるのだろうかという懸念がここに現れます。こうしたところに、教養とか人文知衰退の根本的な原因があるのではないか、そのことを昨今しきりに感じています。

　ここでさらに余計なことを申します。いま申したことは、現代作家の作品のつまらなさにも現れているように思います。常々いろいろなところで述べているのですが、現代作家の小説のほとんどを、私はあえて読みたいとは思いません。その理由は、それらが内部に批評的な目をもたない、いわば自意

識の垂れ流しに近いようなものに思えるからです。私は、これを小学生の作文の大人版と呼んでいます。批評的な目をもたないということは、普遍性の構築には向かわないということです。世界の根本には向かわないといってもいい。これが、先ほどから申し上げている、若い人たちの幼さとかひよわさに繋がっているのではないかと思えたりもします。それゆえ、そんな自意識の垂れ流しのような小説は読みたくないのです。普遍性の構築、世界の根本に向かうためには、教養つまり人文知の蓄積が必要です。その欠落が、つまらない小説を生んでいるのではないかと考えます。

　ずいぶん悲観的なことを申しました。しかし、こういう状況の中にあっても、私は人文学の学問は必要であるということを訴えていきたいと思っています。それが私の研究者としての責務であると考えるからです。その詳しい理由については『文学部の逆襲』の中で申しましたので、それを御参照頂ければと思います。

　さて、今回は、さらに私が感じている文学部のもう一つの危惧についてお話したいと思います。それが、文学部の教員養成の問題です。もっと正確にいうと中等教育の教員養成の問題です。

　戦後の中等教育の教員養成の歴史を見ると、それがいかに変化していったかがよくわかります。戦前の師範学校制度のもつ負の側面への反省から、戦後は開放制の理念が取り入れられました。師範学校の流れを受ける、教員養成を主目的とする教育学部のような学生ではなくとも、所定の単位を修得すれば、教員免許状を得ることができる。これが開放性です。そして、この恩恵にもっとも大きく与ったのが、文学部、理学部の卒業生だろうと思います。戦後、そこから多くの教員が輩出しました。しかし近年、教員を、実質的に教育学部の教員養成課程の出身者に限定しようとする動きが顕著になってきています。開放性の空洞化です。事実、教育学部の出身者でないと、なかなか教員になれないような事態も生じています。これは師範学校制度への逆戻りです。

そこで、以下の資料を御覧いただきたいのです。

中学・高校の教職と教科(国語科)の単位の変遷

・昭和54年(1979年)段階

　中学一級普通免許状

　　教科32単位　教職14単位

　高校二級普通免許状

　　教科32単位　教職14単位

　　＊教科内訳　32単位以上

　　　必修：国語学6又は4、国文学8又は6、漢文学4又は2、書道(4又は2、ただし中学のみ)　計16単位

　　　選択科目：上記の専門科目から最低16単位

　　＊教職内訳　<u>14単位以上</u>

　　　教育原理3、教育心理学又は青年心理学3、道徳教育の研究2(中学のみ)、教科教育法3、教育実習2、その他1以上(高校は3以上)

・平成2年(1990年)以後入学者

　中学一種免許状

　　教科40単位、教職19単位

　高校一種免許状

　　教科40単位、教職19単位

　　＊教科内訳　40単位以上

　　　必修：国語学8又は6、国文学8又は6、漢文学4又は2(高校は6)、書道(4、ただし中学のみ)　計20単位

　　　選択科目：大学の加える「国語科」の科目20単位

　　＊教職内訳　<u>19単位以上</u>

　　　教育の本質及び目標に関する科目2

　　　幼児、児童又は生徒の心身の発達及び学習の過程に関する科目2

　　　教育に係る社会的、制度的又は経営的な事項に関する科目2

教育の方法及び技術（情報機器及び教材の活用を含む）に関する科目2
　　教科教育法に関する科目2
　　道徳教育に関する科目2（中学のみ）
　　特別活動に関する科目2
　　教育実習3
　　大学の加える教職科目2（高校のみ）
・平成12年（2000年）以後入学者
　中学一種免許状
　　教科20単位、<u>教職31単位</u>、<u>教科又は教職8単位</u>
　高校一種免許状
　　教科20単位、<u>教職23単位</u>、<u>教科又は教職16単位</u>
　　＊教科内訳　中学28単位以上、高校36単位以上
　　必修：国語学1、国文学1、漢文学1、書道1（中学のみ）で計20単位
　　　　　以上
　　選択科目：<u>教職または「国語科」の科目8単位（高校は16単位）</u>

　これはたまたま手許にあった資料を書き抜いただけのいい加減なものですが、大筋の傾向を見るにはこれで充分です。昭和54年段階では、教職のところが14単位以上となっています。平成2年以降の入学者になりますと、教科の単位も若干増えてはいますが、教職の内訳のところが19単位以上になっています。平成12年以降、——これが現行の規定かと思いますが、中学では教職31単位に大幅増加しています。さらに注意したいのは、中学ではこのほか「教科又は教職8単位」、高校の場合でも、教職23単位のほか「教科又は教職16単位」という規定も出て来ています。しかも、その教科の内訳を見ますと、必修はすべて国語学以下1単位以上とあって計20単位以上。おまけに、選択科目では、教科ではなく教職を取ってもよいことになっている。要するに教職科目優位で、こんなふざけた話があるかと、私などは思います。

さらに、今は教育実習（これも事前事後指導も含めてずいぶん長くなりました）以外にも、中学では介護等体験というのが義務付けられていますから、これも大変な負担になっている。要は、教科より教職へというように重点が移っています。裏返せば教科の軽視が顕著になっているということです。これはどう見ても、教員を教育学部の出身者に限定しようとする動きだとしか考えられない。

　一方、この状況を文学部の側からながめてみますと、卒業生に教員免許を与えるためには、かなりのコマ数を教職科目に割り当てなければならないことになります。当然ながら、そのための教員配置も必要になります。しかも、教育実習や介護等体験によって、文学部の通常授業は、大きく阻害されています（就職活動も阻害要因ですが）。実のところ、これはかなり深刻な問題であるはずです。

　こうした状況に立ち至ると、文学部で教員免許を出すことに積極的な意義があるのかどうかを問う議論も出て来ます。教員になる卒業生も少ないのだから、教員免許なんていらないのではないかという、教員免許不要論がそこから出て来ます。先ほども述べましたように、私は東京大学の文学部に19年間勤務しておりましたが、やはりというべきか、在任中、教員免許不要論が取り沙汰されたことがあります。その時には、同僚諸氏と協力し、さまざまなデータを集め、その動きを何とか食い止めました。幸い、そうした不要論はいまは押さえられているように聞いています。

　とはいえ、現状はますます困難をつよめる一方ですから、文学部の側からもっと声を上げる必要がある。そうでないと、さらに大変なことになる。

　増大する一方の教職科目の中身を見ますと、これは愚劣としか言いようがない。要するに、それらは些末な教育技術や調整能力を教えるものに過ぎません。こうした科目が、教育現場で積極的な意味をもつとは到底思えません。

　では、なぜそうした科目が増大していったのか。その理由はたぶん簡単です。教員養成の指針を定めるメンバーには、有識者と称される人たち、財界関係者、評論家、ジャーナリスト等々さまざまな人が入っていますが、もっ

とも肝腎な大学関係の代表は、教員養成課程のある大学の執行部経験者がほとんどだからです。教育系の大学の学長とか学部長経験者ばかりで、文学部の代表というのはたぶん一人も加わっていないのではないかと思います（総合大学の学長とかはメンバーかもしれませんが）。それが問題です。一時期、教育学部の卒業生の進路（つまり教員になる道ですが）が先細りになり、ゼロ免課程（教員免許状の取得を卒業要件としない課程）を設けるなど、教育学部の課程再編が模索されたことがあります。教育学部としては、卒業生をできるだけ多く教員にしたいというのが願望ですから、そもそも文学部などと大きく利害がぶつかっていたわけです。そうした状況が背景にありますから、教員養成の制度を考える会議に、教育学部の関係者しか加わっていないとすると、そこでの議論はすべてそちら側の主導で進むことになります。教職科目の単位が増大した背景には、すべてではないにしても、そうした事情があると想像しています。

　増大する教職科目の有効性は果たしてどこにあるのでしょう。その検証がどこまでなされているのか。たぶん、もっともらしい説明はあるのでしょうが、私は大いに疑問をもちます。教職科目の増大は、いたずらに学生の負担を強いるだけです。国語教員に関していうなら、優れた教員には、教職科目よりも、むしろ教科のきちんとした知識、さらにいえば、人文学の豊かな素養こそが必要です。さらに理想をいうなら、人文学の修士課程をきちんと収めた人材こそが、これからの教育現場の担い手になるべきだと思っています。これは、私の持論です。一時期、教職大学院がいくつか設置されましたが、そのカリキュラムはめちゃくちゃです。そこでは、先ほども述べたような、瑣末な教育技術とか調整能力を教えることが中心になっています。そんな愚劣なものをこしらえてどうしようというのでしょう。そうした大学院には、私の知り合いも勤めていたりしますから、右のようなことをあからさまに述べるのは具合の悪いところもあるのですが、事は将来の教育にかかわる大問題です。ですから、このことだけは繰り返しきちんと申し上げておきたいと思います。瑣末な教育技術や調整能力ばかりを教えてどうするのかというこ

とです。

　いずれにしても、教員養成に関して、文学部はもっと大きな声を上げるべきです。すべて決まったことだから、お上の仰せの通りと言って、従順に従うだけではだめです。このままでは、文学部で教員養成を行う道は完全に断たれてしまうのではないかと危惧します。文学部の方々には、こうした状況に何とか抗してほしい。そういう思いをこめて、あえて過激なことを申し上げたような次第です。ひょっとして、これは夏目漱石『坊っちゃん』に描かれた、(旧制)中学校と師範学校の対立から引き続いている根深い問題かな、と思ったりもします。これは、余計な感想です。

　なお、前半の一部は、小論「国語教育の危機」(梶川信行編『おかしいぞ！国語教科書』、笠間書院) と重なるところがあります。お断りを申します。

II

私立大学文学部からの視点

読解力からメディア・リテラシーへ
―― 「文学部」の学びで身に付く能力 ――

酒　井　　敏

　ただいまご紹介にあずかりました中京大学の酒井でございます。よろしくお願いいたします。私の発表資料は三通りございまして、まず、『予稿・資料集』に載っている「要旨」、次に、この『たたかう文学部のリアル』というハンドワーク、それから部数が足りなくなったかもしれませんが、本学の概要をご覧頂くための『中京大学要覧2016』です。この3種類をご確認頂ければと思います。

　今回、お招き頂きまして、同志社大学さん、関西大学さんと比較して、本学の特色はどこにあるのか、まず考えました。大学要覧を見て頂くとわかるのですが、現在11学部11研究科。大学院のない学部もありますが、非常にガタイの大きい大学にみえると思います。しかし、各学部の学生定員は小さく、一番大きいスポーツ科学部で490名です。学部・研究科の数から見ると日大や東海大と肩を並べていますが、学生数はそのようなことはなく、全部で1万3000弱です。文学部の定員で考えましても、3学科で205名。完成年度に達していない学科もありますので、全学生数は900弱です。学科数としては、二松學舍さんに近いかなと感じます。同志社さんや関西さんと並ぶと、比較的小ぶりなユニバーシティーであり、文学部だと言えるでしょう。

　これから文学部の沿革をご紹介しますが、中京大学自体、そう長い歴史があるわけではありません。ハンドワークを1枚めくって頂いて、そもそもの前身は、1923年の3月に認可を受けた中京商業学校、「野球の中京商業」でございます。大学ができましたのが1956年、中京大学商学部開学、今年は創立60周年になります。文学部は10年遅れまして、1966年4月にできて

おりますので50年、これは、二松學舍さん、同志社さん、関西さん、どこと比べても一番短いと思います。以下、文学部の動きを年代順に掲げてあります。

　文学部は、心理学科、英文学科、国文学科の3学科体制でスタートし、大学院は、一番ニーズの高かった文学研究科心理学専攻から立ち上げて、順調に発展してまいりました。国文学専攻は1973年に修士課程、1982年に博士課程を立ち上げました。この流れは1984年に英文学専攻に博士課程が増設されるまで続きます。私が着任したのが1988年ですから、この体制が完成し、安定したタイミングでした。ところが、この平和は長くは続きません。例の国立大学に最初の逆風が吹き始める時期、その頃から、我々も「大学改革」の波に洗われることになります。近隣の大学で、そもそも文学部という名称ではもうだめなのではないか、あるいは、教養部を解体して教養課程の2年間をなくし、4年一貫学部教育の体制に移行しなければならないのではないか、そういう危機感が醸成され、次第に本学にも及んでまいりました。

　そこで中京大学はどうしたかと言いますと、2000年の4月に、文学部心理学科を心理学部として独立させました。心理学科の偏差値が最も高かったこともあって、当時、日本のどこにもなかった心理学部に格上げして、さらに競争力を高めようという戦略です。ひとつの学科がそのまま学部になったのですから、定員130くらいの非常に小さな学部です。今度は、残された英文と国文で新たな文学部を設計せよ、となりました。比較文学科や史学科などを提案しましたが認められず、結局、英文学科が独立して国際英語学部になります。英文学が専門の方もたくさんいらっしゃいましたが、専ら、留学を柱にして使える英語を身に付けるという方向に舵を切りました。この2つの改革は成功し、従来よりも偏差値が上がりました。偏差値が上がれば成功、と単純には言えませんが、私学は学生が納める授業料が命綱。偏差値が上がって皆が来たがれば受験生が増える。文学部系の学部では受験料収入も大切ですし、偏差値が高くないと歩留まりも下がる。定員割れなど起こしたら大変です。そこで、独自性のある学部を作って魅力を高め、志願者を集める。学

部定員は少ないけれど、許容される収容定員ギリギリまで入学させてなお、偏差値を維持、可能なら上昇させる。心理学科や英文学科を分離・独立させる戦略は、その点で確かに有効でした。

　結果、国文学科だけが取り残されてしまいました。2002 年度の 1 年間、ユニバーシティーの文学部なのに国文学科 1 学科しかなかったのです。ここで、中日新聞社から大物を 1 人新任教員としてお迎えするから、現役の教員と合わせた 14 名を 7 名ずつ配置して 2 学科に再編するよう示唆されました。しかも、できるだけはっきり違う学科に見える形で、と。そこで、日本文学科と言語表現学科の 2 つに分けました。そのカリキュラムを書いたのは、実は私です。言語表現学科のベースになるカリキュラムは、社会学部（現在は「現代社会学部」）のある先生から「なぜ俺を呼ばない」なんて言われながら、ほぼ私一人で書きました。幸い、この改組は成功します。定員は、従来の日本文学科 145 名を、各学科 75 名ずつ合計 150 と 5 名増。できるだけ違う学科に見えるようにとは言っても、私たちには内実が見えていますから、「志願者はどのくらい増えるだろう？」と思っていました。内幕を正直にお話しすると、全体で 3 割増えたら成功、という程度でした。ところが、嬉しいことに悲観的な予想は見事に裏切られ、大当たりします。前年度志願者の 1.8 倍集まりました。

　このときに分かったのですが、仮に 1.8 倍の志願者が集まっても、1 学科のままだったら、ドラスティックな偏差値の上昇はなかったでしょう。2 学科に分けて 1.8 倍の志願者があったということは、つまり半分の定員で従来の入試をやったのと同じです。45 を維持できるかが課題だった文学部の偏差値は、この改組で一気に両学科とも 55 まで跳ね上がりました。普段の会議では偏差値の数字ばかりが問題になるのはいやだと言っているのですが、ここでは敢えて申し上げます。端的に言って、成功したのです。成功した結果、今のところ、本学では文学部をなくすなどの議論は一度も起きておりません。それどころか、この勢いで 2014 年にもう 1 学科、となりまして、念願の歴史関係の学科も作れました。それが歴史文化学科の増設です。残念な

がら、史学科ではありません。学科定員が少ないので、考古学のスタッフを採用する余裕がなかったからです。そこで、名古屋にあるという特性を活かして、三英傑の時代に焦点を当てたカリキュラムにしました。「地域に密着した歴史文化学科」のコンセプトで立ち上げたわけですが、これが幸いにして大成功。現在、心理学部や国際英語学部を押さえて、本学最高の偏差値を誇り、入試におけるリードオフマンになっております。その結果、文学部がフラッグシップのような位置に立て、11学部ある中で、普通なら斜陽産業と扱われそうな文学部長が、色々な会議の場でけっこう大きな顔をしております（笑）。

　このように、本学文学部の改組は成功してまいりました。では、中身はどうなのか。入り口だけよくても、中身がなければ仕方ありません、幸いに満足度の高い卒業生を毎年送り出せています。実は、文学部のどの学科でも、成績優秀で表彰される学生は、本学が第一志望でなかった者が多いのです。しかし、「○○先生に出会えて、○○について勉強できてよかった」「文学部で勉強の面白さが分かってよかった」「第一志望じゃなかったけど、この大学に入ってよかった」と。本学文学部の場合、学修成果が一番ストレートに反映されるのは、教員養成だと思いますので、そのお話しをします。ここ10年以上、既卒・現役合わせて、年度によっては現役だけで、中学高校の教員採用試験合格者を二ケタ出し続けています。日本文学科・言語表現学科とも、国語と書道の教員免許を取得できますが、もともと定員が小さいので、教職課程を履修する学生は毎年30人台です。それで、二ケタの合格者。かなりの高率で、6割を超えて県下で最高だった年もあると教科教育担当の先生から聞いています。モチベーションが高く、良かれ悪しかれ個性的なのですね。12、3年前ですが、採用試験の面接で「教師に一番必要なものは何だと思いますか？」と尋ねられて、大威張りで「休息です！」と答えた学生がいました。面接官の先生方が笑い出したので、「そうですよね」と念押しまでしたそうです。見事に合格しました（笑）。私は教育実習の視察指導でこの学生の授業を見ましたが、上手に生徒を引き込み、次々と発言が続く、まさにア

クティブラーニングを実践しているような、素晴らしい授業でした。最初に赴任したのは、この時の実習校。校長先生からも高い評価を得ていたのでしょう。今の例は中学ですが、大学院進学を断念して高校の先生になり、かれこれ5年間、学会での口頭発表や論文発表を毎年続けている卒業生もいます。今でもよく相談に来ますが、教材研究に熱心過ぎて、管理職の先生から時々注意されているようです。こんな具合に、中身の方も充実していると思います。もちろん、学生たちに支えられている部分も大きいですが。

　本学文学部のカリキュラムがどのようなものか、以下3ページ、カリキュラム表を掲げましたのでご覧頂きたいと思います。ここで強調しておきたいのは、今でこそだいぶ縮小されて8単位までになりましたけれども、当初、日本文学科と言語表現学科どちらの学生も自分の所属していない学科の科目をどれだけとってもいいという履修スタイルにしたことです。各学科の必修科目・選択必修科目以外の卒業所要単位の全てを他学科の科目で充当してもよいのです。

　日本文学科のベースは、いわゆる古典などを中心とした伝統的な学問。言語表現学科は、今・ここで行われている日本語による表現文化全般を研究対象とすると謳いました。例えば、アナウンスを教える、漫画を教える、映画を教える、ライトノベルを教える……。当時目標にしたのは愛知県内の某愛知淑徳大学。言語表現学科は、ここの文化創造学部表現文化学科をお手本に作った学科です。しかし、お調べいただけるとわかる通り、現在この大学にこの学部学科はありません。改組してしまいました。

　私の考えるところ、表現文化学科、すなわち本学の言語表現学科を一本立ちで運営しようとしたのがいけなかったのだと思います。言語表現学科が日本文学科の隣にあるというのが本学の強みなのだと思います。先程からのお話ではありませんが、古典に繋がった日本語を勉強をした上で、言語表現に従事することができる。その厚みの違いだと思います。今・ここで行われている日本語による表現活動だけを切り離して、学問として学科運営しようとしても成功しない。文学部という傘のなかで両者を融合させるから、言語表

現学科からでも教員が作れるし、日本文学科からでもアナウンサーが出せる。そういう仕組みを作ったのが本学が成功した理由だと私は考えております。

これ以上続けてもきりがありませんので、差し当たり、その一点を工夫として強調させて頂いて「この科目の具体的な内容は？」など、ご質問がございましたら、質疑応答でお尋ね頂ければと思います。

一方、文学部の危機ということで申しますと、初めにお話ししましたように、学内的には一定の評価を得て地盤を固められてはいても、ひしひしと迫ってくるものがあります。教員になっている卒業生からよく聞くのは、一般の教育学部より高い教材研究能力が身に付くのが武器であるはずの文学部で勉強した「読解力」、これが生かしにくいということ。今、現場では文学教材が削られて評論や論説、さらに、使える日本語、日常的なコミュニケーションに有効な日本語を教えることが重視されるようになっている。そういう、従来からの国語教育あるいは文学教材軽視の風潮を、よく耳にします。

そんな折り、昨年7月に私の母校である早稲田出身の先生方の集まり、愛知県稲門教育会から原稿を求められて書いたのが、資料として出しました「読解力は世界を救う」です。文学教材の意義は学校教育の中だけにあるのではなく、現実に起こっている多くの問題を根底から解決する力を培うところにある。文学作品の読解を通して、自分と同じ人間としての他人に出会えば、常に相手の立場に立って事をなせるようになり、邪なこと、無法なことは自ずからなくなる、という主旨です。文学部の学びで身に付く「読解力」とは、これほどラディカルな力を秘めているのだよ、と。卒業生たちへのエールであるとともに、人文学徒としての自戒も含めて、自らの存在理由を言上げしたつもりです。

その後、今年の3月に本学の系属校・三重高等学校で、これからの学部の教育方針等も含めて模擬講義をする機会があり、その後に高校の先生方と対話する場が設けられていました。嫌な言い方ですが、実学尊重の風潮のなかで、どうせ系属校が睨んでいるのは文学部でなく、工学部や法学部、経済学部など就職に強そうな学部だろうと予想していました。ところが、いきなり

国語の先生が立ち上がって「今このようなご時世の下で、国語の授業が非常にやりにくい。文学部長の先生に伺いたいのですが、どういうふうにして学生のモチベーションを高めてらっしゃいますか？」と。そこで、私は、ここでお話ししたような、読解力の大切さを強調しているとお答えし、キャッチフレーズとして「読解力は世界を救う」を決め台詞にしました。すると、スタンディングオベーションはオーバーですが、拍手が起きました。同行していた入試センターの職員さんたちまで「文学部をどう宣伝していいか分からなかったけど、これで分かりました」と大喜び。

　後日談として、7月に「読解力が世界を救う」のキャッチコピーに私の顔写真を添えた宣伝ポスターが名古屋の地下鉄に貼り出され、何とも照れ臭い思いをいたしました（笑）。オープンキャンパスに合わせた客寄せなので、文章はさわりだけで「続きはWebへ」となるのですが、幸いアクセスは好調のようです。よろしかったら、ご覧になって下さい。

　ハンドワークの次のページは最近の新聞記事です。読解力が落ちていることが今大変な問題なのだという話なのですけれども、私に言わせれば、今頃気づいて何だ、勘弁してくれと言いたくなるぐらい当然の話なのですが、タイムリーなので添えました。この危機感は、文学部という枠を越えても共有できるはず。我々にとって、言わば追い風です。

　次に、読解力の応用例をお話しします。読解力は、現代において実生活を送る上でも、具体的に役に立ち、有効なのです。ここでは2枚の絵を読解して、それをお示ししましょう。

　これは《ソロモン海域に於ける米兵の末路》（図1）。お手元の紙媒体のほうが、あるいは見やすいかもしれませんが、藤田嗣治の戦争画です。代表作とされる《アッツ島玉砕》や《サイパン島同胞臣節を全うす》が描かれるようになる、ターニングポイントになった作品と位置付けられると私は考えています。これ以前の藤田の戦争画を、ちょっとお見せします。《哈爾哈河畔之戦闘》（図2）——ノモンハン事件を描いているのですが、画面がとても明るくてパースペクティブが開けていますね。そして、登場するのは日本兵と戦

車=メカだけ。初期の藤田の戦争画の多くが、こんな感じです。さて、先の《ソロモン海域に於ける米兵の末路》に戻ります。画面が暗くなり、登場するのは漂流中の米兵です。この米兵、最初は日本兵だったのを、描き換えたのだそうです。日本が負けているところを描いてはだめだということなんでしょうが、ここで初めて藤田の戦争画の画面に敵兵が登場しました。奥の方

図1　ソロモン海域に於ける米兵の末路
1943年　油彩・カンヴァス　193×258.5cm　東京国立近代美術館

図2　哈爾哈河畔之戦闘
1941年　油彩・カンヴァス　140×448cm　東京国立近代美術館

読解力からメディア・リテラシーへ 49

で、サメが跳ねています。三角の背鰭が幾つも見えます。漂流せざるを得なくなっただけで充分悲惨な末路なのに、さらに悲惨な末路が彼らを待ち受けていると暗示しています。敵兵を描くことで敵もやはり人間なのだと示し、もう勝負はついているのに彼らがどんな「末路」を迎えるかを見せる。藤田はヒューマニズムを通して戦争を批判しているのだと思います。当時の鑑賞者にどれほど伝わったでしょうか。画面の暗転は戦局が不利になるのと歩調を合わせていますから、勝ち戦におごっている間は分からなくても、描き込まれた細部の意味を読み取って、同じ人間として敵兵に感情移入した人が何人かは必ずいたと思います。それを可能にするのが、まさに先にお話ししたような「読解力」なのです。

　次に、この絵です。お手元の資料には、《神兵の救出到る》（図3）という日本語と、「日本兵がインドネシアの民間人を救う」という意味の英語と、

図3　神兵の救出到る
1944年　油彩・カンヴァス　192.8×257㎝　東京国立近代美術館

両方のタイトルが書いてあると思います。当時の鑑賞者の多くは、まず素直にそのタイトルに従って、縛られている植民地の女性を日本兵が救いに来た場面の絵と受け取ったでしょう。手前も奥も壁には絵が飾られ、部屋中に贅沢な調度品や化粧品が一杯です。欧米人は植民地で欲しいままに栄耀栄華を極め、危なくなったら現地人を人身御供にして自分たちはさっさと逃げ出す。それを日本兵が助け出すわけですから、植民地解放や西洋の物質文明に対する日本の精神文化の勝利、心優しい日本を盟主とする大東亜共栄圏の樹立など、この前の戦争の大義を象徴する画面と言えます。

　しかし、本当にそうでしょうか。文学教材や作品を読解するように、細部の表現を一つ一つ読み取り、総合して全体を解釈すると、全く違った絵になると思うのです。例えば、テーブルの上の壜はオールドパーです。床に転がっている壜はジョニーウォーカーの赤です。どちらも有名なスコッチですね。ここに汽車のおもちゃが転がっています。汽車を発明したのはイングランド人のスチーブンソンですから、これらの記号はイギリスを示しています。つまり、この絵の舞台には、当時オランダ領だったインドネシアではなく、イギリス領だったマレー半島の方がふさわしい。「マレー電撃戦」という言葉も思い浮かびます。日本軍があまりに早く進撃して来たからこそ、邸の主は大慌てで取るものも取りあえず逃げ出した。全て辻褄が合います。要するに、このタイトルは嘘、文字通りに受け取ってはいけないというメッセージを細部の表現が送ってきていることになります。

　そう考えたときに、この机の下の猫。入ってきた日本兵にキッと目を向け、危機を感じている。そして際立つ白で描かれた現地人女性。メイドでしょうか、褐色の肌との対比で豊かな乳房が強調され、しかもそこがハイライト。肉体性・女性性を強調しているのです。日本兵が持っている銃剣は、右斜め上に彼の体から突き出ています。フロイトを引き合いに出すまでもなく、男性器の象徴なのは明らかでしょう。もう、もっともらしいタイトルの影に隠されている、この絵の真のモチーフをお分かり頂けたと思います。まさにメイドは人身御供であり、脚に薄物を絡ませて倒れているソファーが暗示して

いるように、この後、おそらく暴行が行われるのです。この絵の深層のモチーフは、「神兵」が犯すことなどあり得ないとされた、戦時性暴力だと言えましょう。

　恣意的な深読みではない物証として、この絵が出品された陸軍美術展を特集した、当時唯一の美術雑誌『美術』があります。今日は図版をお示しできませんが、巻頭のグラビアページに掲載する際、この絵だけ「(部分)」として日本兵を切っています。《神兵の救出到る》という題であるにも関わらず、ほぼ右半分、メイドだけを中心にトリミングした画面になっているのです。検閲の存在した当時、一般の鑑賞者にも、この絵の深層のモチーフが読み解ける、と考えたからこその措置だと思います。

　藤田嗣治の 2 枚の戦争画を例に、読解力を基礎としたメディア・リテラシーの実践をご覧に入れました。高度情報社会である現代、我々の周りにはあるイメージを瞬時に刷り込む映像やキャッチコピーが氾濫しています。そこで、実際のところ何が表現されているのか、言葉で提示された内実が何なのか、見抜く力がなければ、我々は簡単に情報の洪水に呑まれてしまいます。私はもともと小説読みが専門ですから、ここでも専ら文学教材や作品を読解する方法を用いました。日常の文学部の授業で普通に行われ、培われている能力です。こうした読解力を基礎としたメディア・リテラシーは、文学部での学びが現代社会においてどれほど大事かを主張する強力な武器の一つになるでしょう。皮肉な言い方をすれば、こんな力を多くの人に身に付けられたら困るから、権力の座にある方々は実学尊重をしきりに口にするのかも知れません。

　少し伸びてしまいましたが、ご清聴有難うございました。

引用文献

　『中京大学要覧 2016』※本文中の本学に関するデータは本文献に拠る。最新のデータやカリキュラム表は本学 HP を参照されたい。
　「読解力伸ばせ　産学連携」『朝日新聞』朝刊　2016 年 10 月 8 日

「読解力は世界を救う」酒井敏　『愛知県稲門教育会報』2015 年 7 月 11 日

図版引用

　図1・図2・図3とも『藤田嗣治画集　異郷』林洋子監修（小学館、2014 年 2 月 25 日）に拠る。ただし、図1は同書 96 頁、図2は同書 90 頁、図3は同書 98 頁より。

シンポジウムに向けて
―― 人生の本質へ碇をおろす ――

植 木 朝 子

　同志社大学の植木と申します。よろしくお願いします。
　改めて申し上げるまでもありませんが、今、文学部には強い逆風が吹いています。ずっと以前から、少なくとも私が文学部国文学科の学生だったころから、文学部での学びは「役に立たない」と言われてきました。それは就職活動との関連で表面化することが多く、この場合の「役に立つ」は、要するに就職に有利かどうかであり、需要があるかどうか、経済的繁栄に直結するかどうか、ということです。私が学生だった頃は、ちょうどバブルの頃でしたので、そうはいっても、友人たちはいくつもの企業から内定をもらっていました。就職状況が厳しくなってくると、それに応じて、文学部での学びが「役に立たない」として切り捨ての対象となる、まことに単純で短絡的です。しかし、「役に立つ」ものだけで人は生きていけるのでしょうか。
　東日本大震災後の3日目に、被災者が今一番必要としているのは何か、のアンケートをした人がいて、その回答は、1番が水と食料、2番が正確な情報、3番が、なんと「歌」でした。それで、インターネットを通して、「上を向いて歩こう」と「アンパンマンのマーチ」を流したそうです。「歌」とは、実用的にすぐに役に立つものではないかもしれませんが、しかし、苦しみと悲しみの淵に沈んでいる人を根幹から支える力を持っているのです。この「歌」は哲・史・文、すなわち哲学・史学・文学といった、文学部の学問領域に置き換えられるでしょう。これらの学びの中に凝縮されているのは、人が人として生きていくのに必要な、本質的な事柄だからです。似たようなことをフルート奏者の大嶋義実氏は次のように言っています。これは音楽に

ついてなのですが、「音楽は「うまく生きる」ことには役立ちません（たぶん）。けれども「よく生きること」ためには欠かせないものです（ぜったい）。」

　文学部で学ぶとは、人が生きていくということはどういうことかという究極の真理を、柔らかな感受性をもって、徹底的に追い求めていくことです。遠回りなようではありますが、それこそが、真に社会に通用する力であり、世の中を生き抜いていく力であるに違いありません。ですから、大学から文学部がなくなることは、社会にとって大きな問題だということは、ほとんど自明のように思われますが、そう考えない人たちもいます。文学部に関わる人々にとっては当たり前のことばかりだと思いますが、それが当たり前でない人々に向かって、どう説明したらよいか、という前提での、私のお話です。

　肉体的健康や快適な生活のために医療や科学技術の発達は喜ばしいことであり、私たちは多大な恩恵を受けています。しかし、突きつめていけば、すべては、「倫理」「世界観」といったものに帰着します。出生前診断、遺伝子操作、科学技術の軍事利用などなどです。また凶悪犯罪が起こると、しばしば犯罪者の「倫理観」やゆがんだ「世界観」が取り沙汰されます。正義とは何か、この世界をどう捉えていくか、人と人との関わりをどう考えるか、これらのことは、すべてが自然に身につくとは言えません。個人の経験や思考には限界があるからです。

　『徒然草』のなかで、兼好が、「ひとり、灯のもとにて文を広げて、見ぬ世の人を友とする、こよなう慰むわざなり」（十三段）と言っているように、時空を越えた幅広い他者との対話が、思考のトレーニングになって、私たちは、想像力、判断力、表現力を身につけることができるのです。これは、第一部でお話し下さった塩村耕先生のお話にも通じるものです。

　少し、情けない個人的経験をお話します。赤座憲久という盲学校の先生が書いた『目の見えぬ子ら』という本があります。1961年に出版されたものですが、戦時中、盲学校の生徒はお国の役に立たないという理由で、学校の予算は真っ先に削られ、冬は教室を暖房することができず、生徒たちは教科書も読めなかったそうです。なぜだかおわかりでしょうか？　寒いと指先が

かじかんで、指先の感覚がなくなります。そうすると点字の教科書を読みとることができなくなるのです。私は、寒いと手がかじかむことは経験としてもちろん知っていましたし、点字というものも知っていました。でも、寒いと本が読めないということには、恥ずかしながら、気づいていなかったのです。想像力が欠如していました。気づかないということは、非常に恐ろしいことです。他者との対話の欠如は、人を気づきから遠ざけ、独善、不寛容につながっていきます。ヘイトスピーチや移民をめぐる問題で、社会の不寛容が問題になっている今こそ、他者との対話の重要性は高まっています。繰り返しになりますが、他者との対話は、普通に社会生活を送っている中で、自然にできるようになる部分もありますけれども、文学部で専門的に学ぶことによって、やっと可能になる真の対話というものもあります。たとえば、医療の専門家や科学技術開発の専門家が必要なように、真の対話力を持ち、人が生きていくとはどういうことかを追求できる専門家が、世の中には必要なのです。

　対話は、相手の言うことを正しく理解するところから始まりますが、個人的な経験から、気づいたことをお話します。

　私は、日本の中世の流行歌謡に興味を持っているのですが、平安時代末に京都で大流行した今様と呼ばれる歌謡があります。よく知られた今様に「遊びをせんとや生まれけむ　戯れせんとや生まれけん　遊ぶ子どもの声聞けば　我が身さへこそ揺るがるれ」という一首があります。最近この歌がしばしば新聞で取り上げられています。保育園や幼稚園の建設に対して、近隣住民から、子どもの声の騒音を理由に反対運動が起こった、そのことへのコメントの中で、です。今様にも歌われているように、子どもは元気いっぱいの声で遊ぶのが自然なのだ、それをうるさいとは、なんと心が狭いことか、という文脈です。この今様が、子どもの遊ぶ声を取り上げていることには間違いありませんが、本当は、遊びに没頭する子どもの声に突き動かされる「我が身」の方にも相応の重みがあるので、この歌から子どもの遊び声の微笑ましさだけをとりあげるのは、やや偏りがあるということになります。

さて、この今様については、子どもの存在と遊びというものの根源的な繋がりを読み取り、遊ぶ子どもの愛らしさを受けとめていくという享受の方向とは、まったく別の解釈もしばしばなされます。2006年に亡くなった作家・久世光彦の遺稿集は『遊びをせんとや』という題でしたが、いわゆる、飲む・打つ・買うといった「遊び」を念頭に置いて、そうした不行跡に苦い悔いを引きずりながら、しかし来る日も来る日も、遊びほうけている自分への言い訳に、いつもこの今様をつぶやいている、と記しています。また、俳優の中尾彬氏は、テレビ番組で求められたサイン色紙に「遊びをせんとや生まれけん　戯れせんとや生まれけん」と書いています。その心は、祇園などの艶っぽいところで遊ぶことは役者を磨くことだと言ったという週刊誌の記事を読んだこともあります。さらに、祇園のお茶屋「山本」の女将・山本雅子氏の聞き書き『お茶屋遊びを知っといやすか』(廣済堂出版・2000年)でも、やはりこの今様が引かれていて、「祇園には、古くからの日本の遊びの心が生きているのです」という発言が見えます。このように、人間には色恋と繋がる粋な遊び心が必要だ、というような時に、しばしば気楽に引用されるのですが、この今様の「遊び」がそうした大人の恋の遊びでないことは明らかです。こんなことに目くじらを立てても仕方がない、という気持ちはありつつも、一抹の恐ろしさを感じることは否めません。他者の言葉をあまりにも勝手に受け取り、ゆがんだ形で発信することは、途方もない間違いを犯すことに繋がりかねないからです。同様の小さな事例をあげます。

　室町時代末の流行歌謡として、高三隆達（たかさぶりゅうたつ）という人が節付けした隆達節歌謡というものがあります。そのなかに「闇にさへならぬ　月にはとても　あら鈍なお人や」という一首があります。大岡信氏は、これを「折々のうた」に取り上げ、遊女が同輩の遊女たちを相手に、気に入らない男の悪口を言ってうっぷん晴らしをしているといった状況を想定し、「あの男ときたら薄のろ野郎で暗闇みたい。いいえ、その闇にさえなれない。まして照り輝く月になんかとてもなれない。ああまったく、にぶい鈍な野郎」と訳を付けています。初出は2006年11月28日付朝日新聞ですが、2007年刊の岩波新書『新

折々のうた 9』でも、書き直されていません。人が「闇」にさえなれない、とはなんとも近代的な考え方です。結論から申しますと、この歌は、「闇夜にさえいらっしゃらない。ましてや月夜にはとても来てくれないでしょう。全くひどい（私の気持ちに）鈍感な人」と訳すことができます。「なる」は、「行く」「来」の尊敬語です。室町小歌の中では、男性が通ってくる日の天候を問題にするものが一つの類型を作っています。訪れる日が雨夜であれば、最も愛情が深いと判断されます。月夜と闇夜を比較した場合、愛情がより深いとされるのは月夜に来ることです。人目に触れる危険を冒すからです。「なる」の意味とともに、このような小歌の類型から見ても、さきの隆達節歌謡が、「あの男ときたら……闇にさえなれない」とは解せないのは明らかです。対象の表現していることを理解しないで、どんな鑑賞を行っても、それは見当はずれのものでしかありません。文学作品はどのように読んでもよいという、一つの立場があります。一般的には、それでもいいでしょう。しかし実は、それはかなり危険なことではないでしょうか。恣意的な解釈、受け手に都合のよい解釈が横行すれば、対話は成り立たないからです。文学部では、まず、そうした恣意的な読みを排することを学びます。酒井敏先生のお話にあった、読解力を高めるということに繋がっていきます。学問は、自分の考え方、感じ方が絶対ではないという当たり前のことに気づくことから始まるわけです。

　あまりにも個別的な事例で恐縮ですが、以上のような事例に遭遇するにつけ、文学部での学びの重要性を感じます。文学部で学んだ人々は鋭い読解力と表現力をもった思考のプロとして社会にとってなくてはならない存在です。第一部で多田一臣先生がお話し下さったような、言語表現による創造性を持った存在は、「役に立たない」どころか、最も必要な存在といえるのではないでしょうか。

　最後に、文学部のあり方について考える手がかりの一つとして、同志社大学文学部の歩みと取り組みをご紹介したいと思います。

　1875年、同志社英学校が開校します。これが今の文学部英文学科の源と

いうことになります。細かい名称変更などは省略いたしますが、1920年、神学科、英文学科からなる、同志社大学文学部が設置されます。1927年には哲学科が増設され、1946年には、神学科、英文学科、文化学科、社会学科となります。1948年、神学科は神学部として独立し、文学部は残りの3学科となります。さらに、文化学科の中が、哲学及倫理学専攻、教育学及心理学専攻、美学及芸術学専攻、文化史学専攻に分かれ、社会学科の中が、社会学専攻、社会福祉専攻、新聞学専攻に分かれます。1954年、文化学科に国文学専攻が増設されました。長くこの体制が続きましたが、2005年に文化学科の中の専攻がそれぞれ学科になり、一部は社会学部として独立し、文学部は、英文学科、哲学科、心理学科、美学芸術学科、文化史学科、国文学科となりました。2009年に心理学科が心理学部として独立し、現在の文学部は、英文学科、哲学科、美学芸術学科、文化史学科、国文学科の5学科からなります。

　多くの大学が文学部を学際的に改変するという傾向にある今日、同志社大学は、あえてこのように、各学科の専門性を高めていくという選択をしました。しかし、広い教養も重要なことと考えますので、専門性を大事にしながら、深く広い教養を培う、多様な学びの実践として、「学科型」と「横断型」という二つの副専攻制度を設定しています。これは、文学部内で完結する副専攻制度ですが、現在、検討中のものに、生命医科学部と組んでの、サイエンス・コミュニケーターを養成する副専攻があります。科学技術の急速な発展に対して、一般の人々は理解不足、誤った認識から過度な賞賛をしたり、不安を感じて極端に恐れたりすることが、往々にして起こります。そこで、社会の声を吸い上げて科学者に伝え、科学の研究を社会に正確に分かりやすく説明するという、社会と科学者との間をつなぐ役割が必要ということで、その役割を担う人をサイエンス・コミュニケーターと呼んでいます。理系の側が、文系の学びの必要性に気づいたという点、当たり前のことではありますが、評価できることですし、文系の側からもアピールしていかなくてはならないのだろうと思っております。

副専攻という、大学内部での仕組みのほかに、社会連携事業を充実させていく一環として、たとえば、博物館、美術館との協定を進めることも行っています。具体的には、2015年に大和文華館と文学部が提携を結び、教育と研究の二つの柱で協力体制を作っているところです。同志社大学の内部では、文学部はかつてより規模が縮小されたものの、学生定員から言いますと、学内の14学部の中では、法学部・経済学部・商学部の800名、理工学部の700名に次いで、670名という3番目の数であって、歴史的にはもっとも古いため、たとえば学部を縮小するといった方針は今のところ、全く出ていません。しかし、研究予算配分は、理系が優遇され、また大学教育の改革といえば、理系中心の発想から出てくることは周知の通りです。
　たとえば、シラバスによる授業計画の固定化、授業回数半期15回の厳格化、授業アンケートの実施、などですが、文学部での学びは、知識や技能をまっすぐな階段のように単純に積み重ねていくものではなく、螺旋階段のようにくるくると回りながら、もとの場所に戻ってきてしまったかと思えば、実は一段高いところに到達していた、というようなものですから、これらの方針は、文学部の教育とはなじみにくいのです。シラバスには、もちろん、ある程度の授業内容を書くことはできますが、受講生の反応によって、臨機応変な思考実験を行うことが重要で、単純な積み重ねでもありません。授業では、最低限の知識を教えますが、それをもとに、自分で調べたり考えたりする、授業時間以外の学習こそが重要ですから、13回の授業だったからといって、15回の授業よりきっちり2回分、劣った授業だとは言えません。教授者側の与える情報よりも、受講者の主体性の方が重要ですので、教員を評価する授業アンケートを受けて、教員が教室での授業を多少変えるだけでは、真の授業改善にはなりません。アンケートの項目には、「あなたはこの授業の講義概要・シラバスを、登録前に検討した」「あなたはこの授業に熱心な受講態度で取り組んでいる」といった、受講者側の様子をきくものもありますが、案外、シラバスは読まれていないことが分かります。
　さて、私は、文学部での学びがいかに重要かということを、少し偉そうに

申し上げてきました。実際、本当に文学部の重要性を確信しており、文学部で学び、文学部の教育に携わっていることに誇りを持っていることは間違いないのですが、しかし、世間の人と話す時に、どこかで「世の中の役に立たなくてすみません」と、肩身狭く思ってしまうところもあります。それは、自ら打ち消しても打ち消しても、経済的利益を生まないから、文系は役に立たないのだという「常識」に結局のところ縛られているからで、その前提こそが間違っているにもかかわらず、それに苦しめられてしまうのです。学生たちも、特に就職活動を通して、肩身の狭い思いをしていると言います。しかし、さらに考えてみますと、肩身が狭いと思うのは、自分を絶対視しない謙虚な態度であり、肩身の狭さを抱いている人は弱者に寄り添うことができますから、まさに他者を理解し、他者と真の対話ができるようになるという、文学部の学びに繋がる大事なことでもあるのではないでしょうか。

　以上、まとまりませんでしたが、後の議論への話題提供として、拙い話を終わります。ご清聴ありがとうございました。

関西大学文学部の取組

藤 田 高 夫

　関西大学文学部からまいりました藤田と申します。今日の私のお話は、今までの先生方のように学問の香りのするものではありません。本日この会場には学生諸君もずいぶんいらっしゃるようですけれども、私は大学関係者にものをしゃべるのだろうと考えておりましたので、関係者なら了解できるような、かなり生々しい内部の話というのをしようと思っておりました。ただ、みなさんのお顔を見ておりますと、学生諸君には聞かせない方がいいのかもしれない内容もありますので、そのあたりは適宜カットしてお話しいたします。

　今までの先生方は、ご自身の専門と関連させて、文学部の学びを、あるいは人文学の価値ということについてお話いただきました。みなさんご専門は国文学でしたけれども、私自身は、関西大学文学部の中で、アジア文化専修というところに所属しております。「アジア文化」って何だ、と申しますと、文学部には歴史学の専修も、文学の専修もありますので、この専修に集まってくる学生は、そうした領域以外でなんとなくアジアに興味があるという諸君ということになっています。ですので、discipline みたいなものは無い。卒論のテーマも実にさまざまでありまして、特に私のゼミには体育会系が多いせいか、「日本柔道と世界」とか、「日韓サッカーの比較」とか、そういう卒論の世話もしております。私のもともとの専門は中国古代史です。その私がどうしてこういう専修に所属することになったのか、ということをお話しすれば、関西大学文学部の現状と取組についてある程度ご理解いただけるのではないだろうかと思います。今日はパワーポイントも何も用意してござい

ませんので、皆様方のお手元にある1ページにまとめられた予稿集に基づいてお話することにいたします。

　関西大学文学部の現在の入学定員は770名です。実際には800名を若干下回るくらい、つまり792名あたりを目標として毎年合否査定をやっています。これがたいていはずれるんですけれど、だいたい1年生から4年生までで3000人を超える人数、これが毎年教員として相手にする学生になります。関西大学は今、学部が13あります。先ほど数え上げてみたら12学部までしか思いつかなくて、なかにいる私でさえも学部が全部覚えられないくらいたくさんの学部を持つに至っておりますし、大学院のほうも、専門職大学院もいれますと13研究科が並んでいる巨大な組織です。全学の学部生、大学院生、さらに系列校もありますので、小学校、幼稚園、中学校、高等学校までいれますと3万人を超える学生・生徒・児童を抱え、それが4キャンパスに分散しているという、全体像をとらえるのがなかなか難しい大学になっています。関西大学は、今年（2016）130周年を迎えることになっています。1886年11月4日が設立だそうですので、まもなく130周年の式典があります。二松學舎さんが140周年ということで、10年負けたなというところですが（笑）、これは関西法律学校という専門学校としてスタートところから数えています。ちなみに1886年というこの年は、帝国大学令が出た年、にあたりまして、その第一条に「帝國大學ハ國家ノ須要ニ應スル學術技藝ヲ教授シ」と、記されているように、国家的使命を負わされた帝国大学が出来上がったまさにその年に、関西大学は、のちに「建学の精神」と言われるようになりますが、「正義を権力より守れ」という理想を掲げて出発したのだそうです。

　話を戻しますが、そのなかで文学部は、比較的古い方に属するのでしょう、今年で92年を迎えます。文学部は、英文学科からスタートしたようですけれども、その後学科を増設して、英文・国文・哲学・仏文・独文・史学地理・中文・教育の8つの学科を擁するようになっていました。同時に文学部は全学の教養教育を担うという役割を持っておりましたので、8学科のほかに、全学共通科目としてのスペイン語やロシア語などの外国語、あるいは図書館

学や情報処理の先生、さらには体育の先生も文学部に所属していました。教員の数は一番多いときで 160 名に達していたはずで、英文の先生だけで 30 名を超えていた時代もありました。学科という組織は、学生諸君にはピンとこないかも知れませんが、学生定員と教員定員がしっかりと決まったかなり固い組織です。ですので、どこかの学科の先生が 1 人退職されると、必ずその学科に教員を 1 人補充せねばならない。そういうかたちで、文科省から設置が認可されたものです。

　この 8 学科体制を 12 年前の 2004 年に大規模な改組を断行して、文学の形を大きく改編しました。なぜそのような改革を行ったか、と申しますと、簡単に言えば文学部の偏差値の長期低落傾向というのがずっと続いていて、何とかしなければという危機意識が高まったからです。改革案づくりのための将来構想委員会が立ち上がり、比較的若手を中心としたメンバーがいくつかの改革案、比較的穏当な改革からラディカルな案まで、複数の選択肢を提示しました。最終的にどうなったのかというと、一番ラディカルな選択肢というのを採ることになりました。その柱は大きく分けて 2 つあります。第一は、学科を全廃して文学部全体を 1 学科にかえ、従来の各学科を全部専修というかたちに改編するというものです。名前が変わっただけと思われるかも知れませんが、専修にするということは、要するに学科のような固い組織ではなく、科目の束つまりカリキュラムの運営主体にするということです。そうすることによって、個々の専修には学則上の学生定員や教員定員というものがなくなります。そのように 8 学科を 8 専修に変えてしまって、さらに体育も専修化し、図書館学や情報処理の先生にも特別のコースを設ける形で学部全体の姿を変えました。

　もう 1 つの柱、これも非常に大きな変革なのですが、入学の形態を学部一括入学に変えました。それまでは学生諸君は個々の学科に入学していたわけです。何々学部に入学するのではなくて、何々学部何々学科に入学する。これをやめてしまったのです。つまり、1 年生のときには、文学部生として一括して入学し、2 年生になるときに自分の進みたい専修を選ぶという、1 年

次一括入学、2年次専修分属に変えました。これにはいくつかの理由があります。1つには、受験生が文学部の中身を十分に理解した上で自らの専門を選択して受験することを現実にどこまで求められるか、という問題です。18歳の時点で、数ある学部から文学部を選ぶことができても、文学部の中で何を学ぶかまでは選べないのではないかということです。もう1つは、それまでの文学部の入試制度のひずみからくるミスマッチの問題です。それまでの文学部の入試ですと、第1志望から第8志望まで希望を書かせて、学部全体の合格ラインで切ります。当然第1志望に入れない諸君は、第2志望、第3志望、ひどい場合は第4志望以下で合格する。ミスマッチも何もあったものじゃないのです。さらに、そうして第1志望で入ったとしても、実際に大学で授業を受けてみると、高校生のころに想像していた学問と違うじゃないか、というミスマッチが多く起こっていたわけです。学生諸君の不満も当然高まっていました。さらに不満の背景には、ミスマッチの他に、各学科が非常に固い組織であったがゆえに、カリキュラムがガチガチだったという問題もありました。例えばある学科のカリキュラムでは卒業に必要な学科の専門教育科目の必修単位が50単位ありました。60単位以上修得することが求められる科目のうち、50単位が必修なのです。ですから、学生は選択のしようがない。また別の学科では、選択必修科目として10単位取りなさいということで、選択の幅があるように見えますが、選択必修科目として供給されている科目は6科目しかない。つまり1科目2単位とすると、6個の中から5個選べという選択必修で、実際には選んでいるのではなく、取らないものを1つ決めているだけだったわけです。このようなカリキュラムの硬直性は、学科という組織の固さに由来するのだと考えました。もちろん、体系的にきちんと学生を教育するのだという理念からすれば、そうであってしかるべきなのかも知れませんが、この窮屈さ、自由の無さというのが、文学部に入学してからの学生諸君の意欲を大きくそいでいるのだ、というのが、私たちの最終的な結論でした。当時の学生諸君のアンケートの記述のなかで、「関西大学の文学部には一切期待していないから、もうどうでもいいです」という回答

を見つけたとき、これはもう抜本的な改革をしないと、文学部は生き残れないと私たちは痛感しました。これが一番ラディカルな方針での改革を選択した最大の理由です。

　1学科への改編がもつ意味について、学生諸君にはピンとこないかもしれませんが、ここにいらっしゃる大学の先生たちはおわかりになると思います。学科というものをはずし専修にした結果、学科に対する教員定員の縛りがなくなるのです。たとえば、英文の先生が今まで15人いたとして、どなたかが退職して14人になった、だから来年1人教員を採用して15人にしなければいけないという後任補充の縛りがなくなったのです。その結果何が起こったかといいますと、その1ポストで新しい分野の先生を採ることができる。今までの学科体制では採用できなかった、それまで文学部になかった分野の先生をとることができるようになったわけです。この人事システムを運用するために、人事配分のやり方も大幅に変えました。つまり、退職者の数が確定すると、そのポストを文学部全体でのコンペにかけて配分するというものです。来年、新たに先生がほしいと考えている専修は手を挙げて、どういう先生を何故とるのか、そして文学部になぜ必要なのかということをプレゼンテーションする。場合によっては、いくつかの専修にまたがる先生たちが手を挙げて、新しい専修を立ち上げたいので、ポストを配分して欲しい、という要望を出してくることもあります。こういう形で設置された新専修としては、映画文化を扱う映像文化専修、英米のカルチュラル・スタディーズを扱う英米文化専修、ヨーロッパにおける多文化主義を扱う文化共生学専修などがあります。これらの新専修は、従来の学科制のなかでの後任人事方式では決して作れなかった専修で、現在も多数の学生を集めています。コンペの結果、どこにポストを配分するかを決定するのは誰か、これは文学部長ではありません。人事配分案を作成するために、一種の賢人会議のような特別の委員会を組織しました。そのメンバーは、文学部全教員による投票で選出します。この委員会（文学部長も入ります）の配分案は最終的には審議事項として教授会に付議されますが、これまで配分案が否決されたことは一度もありま

せん。他大学の先生にこういう話をしますと、「よくそんなものが通ったね」と驚かれることが多いのですが、こうした一連の改革案が、時の勢いなのでしょうか、2003年度後半の半年ほどの議論で実現してしまいまして、この体制で12年間、文学部を運営してきました。

その結果、当初の8学科体制は、現在では19の専修に多様化し、非常に多彩な学びの選択肢を実現することができました。私の所属するアジア文化専修も、そのどさくさ（?）のなかででき上がったものです。ここからは若干自慢話になりますが、この制度改革の効果というのは劇的でした。1学科多専修、学部一括入学・2年次分属を導入した最初の年の志願者数は、1万5千人に届こうとするところまで延びましたし（これは関西大学文学部のバッケンレコードです）、文学部単独の志願者数では、その年早稲田を抜きました。この時、志願者数の速報値をもってきた入試センター職員の興奮ぶりは今でもよく覚えています。ただ、この数は学部改組の効果だけではなかったと思われます。この年、関西大学は遅ればせながらセンター試験利用方式の入試を導入しました。その際に文学部は、事前出願方式をとり、合わせてベスト3教科傾斜配点方式（詳しくは本学の入試センターWEBページをご覧ください）というきわめてユニークな方式を採用したことも大きかったと考えています。ただ、入試説明会などで学部一括入学・2年次専修分属の説明をすると、受験生諸君の反応は上々ですし、現在でも本学文学部に入学した動機として、この制度の魅力を挙げる学生が多いことも、制度改革の方向が間違っていなかったことを示しているのだと思います。

こうした制度改革以外にも、文学部では独自にさまざまな取組を行ってきました。そのなかには学内でどこも手を付けなかったような先験的な取組がいくつもあります。例えば、1年次生を対象としたスタディスキル・ゼミの導入は、本学のような大規模大学の文学部としてはかなり早いほうでしたし、そのために文学部内にプロジェクトチームを編成して独自の教科書も作成しました（『知のナヴィゲーター』くろしお出版）。また、あまり知られてないのですが、今あたりまえのように、学校ボランティア、学校インターンシップと

いうかたちで、高校や中学に学生諸君が行く制度があると思いますけれども、あれを一番初めにやったのは関西大学の文学部でした。学生を高校に派遣する、しかもそれも教育実習ではない、なぜそんなことをはじめたかというと、学生を高校生の前に立たせることによって、自分が何者かを考えて欲しいと考えたからでした。つまり高校に行けば、教育実習生でないお兄ちゃんお姉ちゃんに対して高校生は、例えば何を勉強しているかをききます。その勉強して何になるの？　と当然ききます。それに対して学生諸君ははじめて、自分はもう高校生ではない、大学生として自分は何をやっているのか、自覚的に考えるようになる。このように高校に放り込むことによって、大学生という自覚を持たせるのが、隠されたねらいでありました。今ではこれは、教職対策の一環のようにとられてしまって、高校のほうからも教職志望者だけ送ってくれという要望が出てきたりして、ちょっと残念に思っています。このほか、レポートや卒業論文の執筆のためのライティング・センターを多くの大学が設置するようになっていると思いますが、これを「ライティング・ラボ」として立ち上げたのも本学では文学部でした。学校インターンシップもライティング・ラボも、文部科学省の大学改革GPに採択され、現在では文学部を超えた全学的取組に発展しています。このようにいくつか、大学の外にディバイスを求めるようなかたちの教育も中に取り込んできて、まあうまくいっているなと思っていたのです。

　しかしながら、10年以上もこの体制でやってまいりますと、困ったことも生じてきました。専修の数は19まで増えてきましたが、文学部教員の数は、新しい学部の立ち上げの際にそこに移籍したこともありまして、減り続けました。一時は160名ほどだった教員数は、今では103名です。したがって各専修の教員の数はどんどん減りました。これが何を意味するか、大学の先生方はすぐお分かりになるでしょう。それぞれの専修がかかえる学生数はかつての学科時代より減りましたが、科目数自体はそんなに減っていない。各専修のカリキュラムはずいぶんコンパクトなものになっているのですが、なにせ専修ごとの教員数が少なくなっていますから、専門教育のカリキュラ

ムを運営・維持するための教員個人の負担は大きくなってきました。また、専修はカリキュラムの単位ですから、さまざまな学部運営上の業務が専修単位で割り振られることになります。さらに先ほど述べましたように、専修は人事配分上の単位でもあります。そのため、各専修は教員の意識の上ではかつての学科のような固い組織になってしまっています。極端に言えば、学科というタコツボ構造を壊そうとして各学科の壁を外してみたら、でき上がったのはハチの巣だった、ということなのです。

　また、19 専修というメニューの多様性は、うちの学部の魅力だったはずなのですが、これが受験生にはなかなかわかりづらいのです。「こんなに沢山あると選べません」、そういう反応も 1 年生から出てきたりします。1 学科多専修の組織にしたときに、各専修の学びの内容を示してじっくりと分属する専修を選べるようにするための科目も新設しましたが、その科目自体が 19 もあるわけですから、全ての専修に目を配ることが難しくなっている。このあたりが当初予想していなかった問題です。また、先ほど各専修のカリキュラムはかなりコンパクトだと申しました。具体的には、必修科目として各専修が課しているのは、卒業論文のほかに、2 年次から 4 年次までの専修ゼミナール（1 セメスター 1 科目で計 6 科目）と 2〜3 年次配当の講義科目である専修研究（1 セメスター 1 科目で計 4 科目）しかありません。それ以外は、各専修が文学部生全体に開いている科目を自由に履修することができます。これはかつてのガチガチのカリキュラムに対する反省から導き出されたものですが、おわかりのようにこの自由度を十分に活かすためには、学生諸君が高い意識を持って自らの学びをくみ上げていく姿勢が求められます。私の見るところでは、文学部の多様性と自由度をうまく活かしている学生は残念ながら必ずしも多くはない。その結果、文学部で自分は何を学んだのかを自信を持って語れる学生の育成に成功しているとはいえないのが実態ではないか。いろいろ学んだけれど結局何を身につけたのか自身でわかっていない、「ドーナツのように中心がない」という状況のように思われるのです。

　こうした組織上の問題、19 専修の多様性が文学部の形を見えにくいもの

にしているというのが現状なのですが、話は変わりますけれども、大学の先生方よくご承知のように、3ポリシーの策定と公開ということがすすんでいます。学生諸君はピンとこないかも知れませんが、二松學舍大学でもちゃんとポリシーを公表していると思います。でもみなさん、入学するときに見なかったでしょう？　アドミッションポリシー（入学者受け入れの方針）、カリキュラムポリシー（教育課程編成の方針）、そしてディプロマポリシー（学位授与の方針）、この3つのポリシーに一貫性を持たせることが求められています。つまり、どういう学生に学位を与えるか、そういう学生を育成するためにどんな教育をするか、この教育のためにどんな入学試験をする、ということを筋の通ったかたちでつくれ、ということになって、各大学で見直しが進んでいるのです。現在私は、この作業と、次に求められるカリキュラムマップ、カリキュラムツリーの作成を利用して、各専修の専門教育の他に、文学部全体としてのコアカリキュラムを構築できないかと考えています。各専修がもつ自律性と完結性の高い専門科目群の外に、あるいはその基盤に、専修の枠を越えた文学部全体としての、つまり人文学としての学びの姿を構想したいのです。うまくいくかどうかは分かりませんが、関西大学文学部のように内部に多様な分野を抱えた学部であればこそ、可能なのではないかと思います。文学部長がこんなことを考えているというのを、今ここではじめて言いました。そのようなものを通して、文学部の学びをみずみずしいものにしていけたらと夢想しているわけです。

　これはあとの議論になるのかもしれませんが、実を申しますと私はシラバス擁護派です。あんなもの書けるかというご意見に共感する部分はあります。年末年始は毎年その作成に忙殺されますし、満足のいくシラバスが書けたという経験もありません。ただそれでも、ああいうものが要求されるようになった背景を考えるべきだと思います。また1セメスターで必ず授業を15回やれというのもうるさいなと思います。あのために、学年暦の編成が難しくなっているというのも事実です。けれども、逆にいうとああいうものが出てきた理由を考えてみると、個々の授業科目の位置づけが曖昧なままに、（言葉が過

ぎるかも知れませんが）旧態依然たる授業運営が為されてきたということではないのでしょうか。3ポリシーにせよシラバスにせよ、ああいうかたちで、きっちりと授業を考えろ、ということを外から言われなきゃいけないような状況に日本の大学がなっていたのではないかという気がいたします。昨今、大学教育、とりわけ人文系の大学教育への風当たりは厳しいものがあります。それに対して私たち文学部の中にいる者はどんな反論をしてきたでしょうか。文学部なんか役に立たない、という攻撃への有効な反撃がなされてきたでしょうか。社会の役に立ちそうな「実学」に対して文学部は「虚学」であって、それはそれとしての価値がある、といった議論は、私には反撃にも擁護にもなっていないように思われます。文学部の専門教育は、例えば教師となる人に十分な広さと深さを与えている、という主張もありました。しかし教員志望者の多い関西大学文学部においても、実際に教職に就くのは1割にも満たないという現実の前では、（これも言葉が過ぎるでしょうけれども）蟷螂の斧であるように見えてしまいます。

　そこで、最後に学生諸君に。今日この会場には沢山いらっしゃるわけですが、みなさん、文学部に何を期待して入りましたか？　みなさん方は文学部を卒業して、何を手にできると思っていますか？　文学部の専門教育は、その分野の専門家を養成することを目的としているわけではありません。少なくとも関西大学文学部を卒業して専門家つまり研究者になる人は皆無ではありませんがごく少数に過ぎません。これは日本の大学の文学部ほとんどに該当することだと思います。今までの先生方は、それぞれご自分の専門性を踏まえて、人文学はこういう意義をもっているということを熱く語られましたが、みなさん方、大丈夫だと思いますが、あの話、通じましたか？　人文学の価値をこれまでの話で確信されましたか？　人文学、文学部がもっている最大の危機は、私たち教員が、社会に、なによりも学生諸君に届く言葉で、今日ここで語られたようなことを伝えてこなかったことに由来するのではないかと、私は最近思っています。

　私は、人文学は役に立つと確信しています。文学部が就職に不利だという

のは、ただの嘘です。実際に就職実績を見てみれば、そんなことは全くない。こういう嘘あるいは思い込みに対して、私たち文学部にいる人間は、そうではないと考える人たち、それを疑う人たちにしっかりと届く言葉で話をしてきたでしょうか。そのことを、文学部にいる人間として、真剣に反省すべきときにきているのではないでしょうか。学問として価値があるから、これはあって当然だ、では通らない。通らない以上、それを説得する言葉、分かってもらう言葉、そうではないという議論と対峙してこれを論破する言葉、というものを私たちは手にするべき時にきているのだろうと思います。本日のテーマは「戦う文学部のリアル」です。何と戦うのかを議論することと並んで、戦うための武器を装備しなくては戦うことはできません、ということです。ちょっと長くなりましたが、私の話を終わります。

挑む文学部
—— 私学の人文学 ——

江藤 茂博

1　教育制度と私立学校

　そもそもの出発を含めて考える場合、たとえ現在の私立大学であっても、いわゆる私立学校一般と言い換えてみたほうがわかりやすくなることがたくさんあるのかもしれない。国家的な要請や万人のためというようなことが前提ではなく、私立学校には同志の集まりというものが原点にあるからだ。江戸時代の寺子屋や漢学塾や洋学塾に始まる教場とは、時代や社会が要請する人材育成のために、いわば同志たちが集って自分たちの信じる考えやスキルを伝達する場でもあった。それが私立学校のミッションである。そして、教場は、時代や社会が要請しているからこそ、そこに収益が生まれることになる。収益があるからそこに利潤獲得競争も生まれる。ミッションおよびミッション達成に賛同する人々が市場開拓をおこなうこととなる。歴史の長い私立学校とは、その規模の大小に関わらず、国家による制度的な支配を巧みに利用しながら、したたかに生き残ってきたそれであり、その時々の学校は自らのミッションを市場性に合致させてきた来歴を持っている。利益はさらなるミッション達成のための準備金であり、市場性はそうしたミッションの達成に賛同する人々の多寡で決まる。

　たとえば、幕末期に私塾として日本最大規模を誇った 1817（文化 14）年開塾の咸宜園は、よく知られているように、月旦評という成績評価法として先進的な教育システムを構築するに至った。しかし、その教育システムは、藩校的な教育システムとの補完性はあったものの、広く人材育成を目的とする近代日本の教育システムとも重なるところがあった。そのために、明治近代

の学校制度の確立によって、もはや咸宜園の教育システムが際立つということはなくなってしまった。まして近代の学校制度の外での私塾咸宜園というありかたでは、その教育内容も近代教育制度に組み込まれることがなく、従って社会的な制度の外となり、衰退を余儀なくさせられ、ついには1897（明治30）年にその歴史を閉じた。市場性を失ったということである。

　こうした江戸期の塾が、藩校などの官立学校との補完性のなかで存続してきた歴史は、近代社会のなかでの私立学校のありかたにも受け継がれていく。江戸期の私塾が持っていた補完性とは、ひとつはそこで学ぶものたちが官学とは異なった社会階層であったことである。また特に幕末期ではフレキシブルなコンテンツの教授が求められたこともひとつである。そして、近代社会での学問のパラダイム変化によって、江戸期の私塾のほとんどが衰退していく。近代社会に登場する私立学校は自らのミッションを維持するために、社会制度として学校が整えられた後は、官立諸学校との補完性のなかで、自らの有り様を変容させていく。

　この近代日本社会での官立諸学校との私立学校の補完性とは、国がコストをかけても必要かつ重要な国家有用人材を育成する官立学校とそこに付与された幾つもの特権に対して、国がコストをかけないで必要とする人材を私立学校に育成させることをいう。もし官立学校に付与された特権の一部でも手に入れようと私立学校がするならば、それ相応の国家権力の介入が生じることとなり、私立学校の自由さは大きく削られることになる。そのような変容を強いられた私立大学や私立専門学校であったが、それでもたとえば官立学校の卒業生との初任給の差は歴然としていたのである。また、つい最近まで、公的機関が発行した身分証明書として機能していたのは国立大学の学生証のみであり、私立大学の学生証はそれだけでは身分証明書としては役所等では認められていなかった。もっとも、近年学校法人化のために、国立大学のそれもまた公的機関が発行した身分証明書ではなくなり、同等の扱いになったのである。

　地方からの要請があったにせよ、国家の方向性と重なるように文部行政は、

全国の主要都市に公的高等教育機関を配置する。中央集権的な序列制を含むものではあったが、地方にも機会均等な教育制度を構築することができた。このことで、国民の教育を受ける権利と機会の地域による偏りを防ぐことができたのである。しかし現在、地方人口と 18 歳人口の減少のために、地方で公的な高等教育を補完していた私立学校は特に危機的な状況に陥っている。

2　高等教育と私立学校

　第二次世界大戦後の経済復興そして高度成長という経済環境の変化に、戦時下から戦後の出生人口の増加による社会環境の変化とが結びついて、高等教育への進学率の変化が起こる。新制大学に限れば、文部科学省「学校基本調査」によると、1963（昭和 38）年度までは大学進学率は 10％未満である。しかし、70 年代に 20％を超え、90 年代後半に 30％を超え、00 年代に 50％を超えている（文部科学省「学校基本調査」）。18 歳人口の増加と進学率の高まりという半世紀足らずの期間での教育環境の変化を、私立学校の拡張によって国公立学校を補完的に支えてきたことは周知のことである。

　1950（昭和 25）年に、国立大学は 70 校（学生数約 8 万人）、公立大学は 26 校（同約 8,500 人）、私立大学は 105 校（同約 13 万人）であったが、1970（昭和 45）年には、国立大学は 75 校（学生数約 30 万人）、公立大学は 33 校（同約 5 万人）、私立大学は 274 校（同約 105 万人）と、この間、国立大学の規模は 4 倍弱になったが、高度成長期におけるホワイトカラーを養成すべく私立大学は規模が 10 倍近くに拡大している。さらに、18 歳人口の増加のピークに近い 1990（平成 2）年には、国立大学は 96 校（学生数約 52 万人）、公立大学は 39 校（同約 6.5 万人）、私立大学は 372 校（同約 155 万人）に推移する。さらに 18 歳人口減を迎えたものの進学率の向上により、2000（平成 12）年には、国立大学は 99 校（学生数約 60 万人）、公立大学は 72 校（同約 11 万人）、私立大学は 478 校（同約 200 万人）となり、ほぼこの比率を維持するように 2015（平成 27）年も、国立大学は 86 校（学生数約 61 万人）、公立大学は 89 校（同約 15 万人）、私立大学は 604 校（同約 210 万人）であった。こうした私立大学への

高い依存は、私学助成が開始された1970（昭和45）年以降ますます強くなったが、これもまた私立学校の高等教育における補完的な有り様を示しているのだ。

　20世紀後半の社会状況の変化による急激な大学の拡張は、大学の教育研究にもさまざまな揺らぎをもたらすこととなった。戦後の学生運動もまたその一つである。ただ、ここで留意したいのは、大学教師の文化である。たとえば、旧制大学・大学院での教育研究を受けた教師が、私立大学の定年年齢を考えるならば、ほぼ70年代までは大学で教鞭を取っていたと考えられる。70年代に学生として過ごした層が、2019（平成31）年現在、50歳代後半であることを考えると、旧制大学・大学院での教育研究の風習・文化は、現在の教授職にある大学教員たちまでは受け継がれていることになる。そして、それが受け継がれる場としては、特定の大学院が想定されるだろう。このことが何を意味するかというと、大学の急激な変化、特に学生数の増加による大学の大衆化のなかで、教育研究の文化の変化は意外に少なかったのではないか。そのために、現在大学教授職にある世代の学生時代の教育研究に関する経験は、現代の学生のそれとは全く別物と考えたほうがいいということである。これは、現在に限らず、新制大学発足以来、いずれの時代も教育研究の文化の変化に比べて、たえず大学の学生文化は大きく変化していたということであり、この間に出版された大学論は、こうした教える側と学ぶ側との断絶を背景としたなかで書かれてきたものであった。全てとはいえないまでも、自らは変化しないとする大学教師にとっては大学の変化など気にしなくてよいお気楽な仕事であったろうし、変化している学生文化から見ると大学教師の旧態依然とした意識は批判すべき対象であったのだろう。

3　大学論からの高等教育問題

　戦後の大学論の変遷は、大学という高等教育機関が社会状況のなかで持つ意味の変化と見合ったものであった。第二次世界大戦後、それまで序列性と複線性を持っていた高等教育が、新制大学として横並びの高等教育機関に再

編統合された。そのためもあって、大学教師による学問論の傾向を持つ大学論の多くは、戦後の進学率の高まりのなかで大衆化していく大学と、大学教師の学生時代との環境の落差が生む、どこかノスタルジックな世代論がその主題の根底に流れていたように思われる。もちろんそうした書き手世代のノスタルジーを根底に持ちながらも、その後の大学論は、マーチン・トロウのエリート段階からマス段階、さらにユニバーサル段階へと推移してきた半世紀の日本の高等教育受容層の推移、18歳人口の推移、国の政策の変化、高等教育における私立大学の在り方の模索を反映させながら、その主題を様々に変えてきた。

　大学論の第一期は、1950年前後の旧制学校から新制大学への移行期による教育研究の混乱と危機を背景とした学問論の時代である。六・三・三・四制短線システムの問題が、大学受験学習誌などにも取り上げられ、新制度による大学・短期大学が旧高等教育機関での学問水準を維持できているかどうかが話題になることもあった。教授は旧制の大学を理想とする集団であり、知識人としての自負を持つひとびとであったと思われる。新制大学が卒業生を出す1953（昭和28）年（大学数226校）の大学教員数は3万人を超える程度であった。

　第二期は、1960年代からの高度経済成長期による大学のマス段階での教育研究の危機を背景とした、大衆化大学教育文化論の時代である。新制大学での大学教授という存在の変化が注目された。戦後の出版文化や放送文化の広がりによってメディアに登場する大学教授が話題になり、彼らが象牙の塔の住人ではなくジャーナリスティックな文化人としても注目されるようになる。大学教授だけでなく大学の教育研究情報もまたメディアによって広がる時代になる。大学教員数は、1960（昭和35）年（大学数245校）の4.5万人から70（昭和45）年（大学数382校）の7.5万人に増加した。

　明治近代に成立推移してきた帝国大学の在り方は、周知のように国家エリートのための高等教育機関として、一部のいわば知的エリートたちの学びの場であった。そうした旧時代の記憶が残存する戦後期、大学はその権威性を、

いわゆる受験雑誌によっても受験生にばら撒く。受験雑誌では、大学教授の言説が権威づけられて紹介されていた。しかし、60年代から70年代の大学大衆化期の学生運動は、受験期に与えられた情報と時代状況に結びついていない大学の現実の落差も、要因となっていたのではあるまいか。安保闘争期の学生の反乱と進学率の高まりによる大学大衆化のなかで、60年代から70年代にかけては、それまでは表に出にくかった大学の実像がメディアの話題となったのである。特に70年代に入ると大学教員のスキャンダルもメディアを騒がせた。

　第三期は、1980年代半ばからの18歳人口の急激な増加に伴う大学新増設拡張期での従来型の教育研究の危機を背景にした大学教師・教育論の時代である。旧制度的な高等教育で育った大学教員と大衆化した大学の学生との間に、大きなギャップが生まれたのではないか。いわば自虐的な大学論も目立つようになる。この期、1979（昭和54）年（大学数443校）に10万人を超えた大学教員数も、89（平成元）年（大学数449校）に12万人を超えた。ここには、短期大学の教員の数や非常勤の教員の数は入っていない。さらに、同じ教員数の比較として、1950（昭和25）年（大学数201校）前後の大学教員数と高校教員数を比較すると、後者は前者の10倍近い教員数であったが、60（昭和35）年（大学数245校）前後には大学教員数の3倍、80（昭和55）年（大学数446校）前後には大学教員数の2.5倍、90年代後半（95年の大学数565校）からは大学教員数の2倍を超えることはなくなった。2016（平成28）年（大学数777校）の大学教員数は約18万5,000人、対する高校教員数は約23万人である。こうした大学教員職の一般化あるいはいわば大衆化から、パロディカルな大学教員論も登場した。

　第四期は、2000年代以降、教育方法論と大学経営論の二つが大学論のテーマになる傾向が明確になってきた時代である。特に1998（平成10）年の大学審議会答申「21世紀の大学像と今後の改革方策について」を受けての大学の構造改革が始まる2004（平成16）年以降から、人文科学の在り方が話題となった現在に至るまで、教育研究の大きな変革の時代と言うことができる。

すでに、大学の教員は専任職だけで、2000（平成12）年（大学数649校）には15万人を超え、2014（平成26）年（大学数781校）に18万人を超えている。一方では、進学率が50％を超えたことによるユニバーサル段階での従来型の教育研究の危機を背景とした新しい大学教育方法論が盛んになった。同時に、2002（平成14）年の中央教育審議会答申「大学の質の保証に係る新たなシステムの構築について」による高等教育の事前規制から事後チェックへの変化が登場した。その背景にある少子化による大学間競争の激化も重なり、これまで収容学生の授業料収入への依存度が高かった私立大学は、経営危機を現実のものとして受け取りはじめた。そうした状況を背景とした経営論もまた大学論の主題となったのである。

4　私立学校の役割

　長い間、官立学校との補完性を持たされながらも、法的には、高等教育としての公共性という役割を持たされた私立学校は、たとえ補助金を受けているとしても、経営組織としてはやはり学校の存続展開のため資金を求めないわけにはいかない。そうした私立学校の性格を前提にして、官立と私立との相互補完的な高等教育の体制は絶えずぎくしゃくしてきたのである。私立学校が自らのミッションの下に学校として維持し展開してきたわけではない。むしろ、官立との相互補完性を引き受けることで、多くの私立学校はミッションの変更を余儀なくされながらも、したたかに存続してきたという歴史を持っているのだ。

　学問領域のなかでも、国家規模的な研究予算を必要とするものもあれば、そうでないものもある。また、だからこそ行政の介入判断も生まれるのだろう。それが大衆化された多数の大学に向けられたとき、限られた予算のなかでは、効率性追求の結果として、研究と教育とが区分されてしまうこともある。具体的には、研究型の大学院大学と教育型の学部大学とに分けるという行政の方向である。それが相互に閉ざされたものにならない限り、合理的分離集約が間違っているとはいえないだろう。ただそのとき、私立学校は、そ

うした官立優位の分類のなかでの相互補完性を避けられないものとしながらも、自らのミッションをさらに強め、あるいは読み替えながらしぶとく生き残るしかないのである。この100年、私学の学問は、学校とそこでの教育研究を生き残らせながら、さらに私学のミッションと結びつけて展開させてきた。これからも、官立との補完的なポジションを見出しながら、したたかに生き残る道を私学は歩むはずだ。

参考文献
『大学』伊多波重義・西田正夫編　三一新書344　1962年5月　三一書房
『学者の森』上・下　藤田信勝　1963年3月（上）・1963年10月（下）　毎日新聞社
『東大紛争の記録』東大紛争文書研究会編　1969年1月　日本評論社
『戦後の大学論』編集・解説 寺崎昌男　復刻文庫10　1970年4月　評論社
『学制百年史』（記述編・資料編）文部省編　1972年10月　帝国地方行政学会
『私立大学』尾形憲　日経新書269　1977年4月　日本経済新聞社
『帝国大学の誕生』中山茂　中公新書491　1978年1月　中央公論社
『東京教育大学文学部』家永三郎　1978年2月　徳間書店
『旧制専門学校』天野郁夫　日経新書293　1978年5月　日本経済新聞社
『大学はこれでいいのか』松村源太郎　日経新書303　1978年10月　日本経済新聞社
『私立大学　その虚像と実像』中村忠一　東経選書　1980年6月　東洋経済新報社
『私立大学　甘えの経営』中村忠一　東経選書　1981年4月　東洋経済新報社
『オーバードクター問題』日本科学者会議編　1983年11月　青木書店
『私大777の未来　サバイバル時代に向かって』国庫助成に関する全国私立大学教授会連合編　1984年11月　勁草書房
『その進学はムダになる…―常識にだまされない「大学選び」の方法―』大学情報センター編著　1985年2月　大和出版
『飛躍する大学　スタンフォード』ホーン・川嶋瑤子編　小学館創造選書94　1985年6月　小学館
『試験と学歴』天野郁夫　1986年9月　リクルート出版部
『日本教育小史』山住正巳　岩波新書363　1987年1月　岩波書店
『大学―試練の時代』天野郁夫　UP選書260　1988年4月　東京大学出版会
『信州大学経済学部・組織は考える』神林章夫　1988年12月　第一法規出版
『大学の事情』別冊宝島90　1989年3月　JICC出版局
『アメリカの社会と大学』佐藤和夫　1989年5月　日本評論社
『学者　この喜劇的なるもの』西部邁　1989年6月　草思社

『大学淘汰の時代』喜多村和之　中公新書 965　1990 年 3 月　中央公論社
『大学教授になる方法』鷲田小彌太　1991 年 1 月　青弓社
『立志・苦学・出世―受験生の社会史』竹内洋　講談社現代新書 1038　1991 年 2 月　講談社
『大学への期待』木田宏　1991 年 3 月　サイマル出版会
『大学教授　そのあまりに日本的な』桜井邦朋　1991 年 8 月　地人書館
『明大教授辞職始末』栗本慎一郎　1992 年 6 月　講談社
『大学を問う―荒廃する現場からの報告』産経新聞社会部編　1992 年 7 月　新潮社
『ロソフスキー教授の大学の未来へ―ハーヴァード流大学人マニュアル』ヘンリー・ロソフスキー（佐藤隆三訳）　1992 年 12 月　TBS ブリタニカ
『パブリック・スクール』竹内洋　講談社現代新書 1134　1993 年 2 月　講談社
『大学改革とは何か―大学人からの報告と提言』藤原書店編集部編　1993 年 7 月　藤原書店
『危ない大学・消える大学』島野清志　1993 年 10 月　エール出版
『設置基準改訂と大学改革』細井克彦　1994 年 1 月　つむぎ出版
『大学とアメリカ社会』中山茂　1994 年 2 月　朝日選書 492　朝日新聞社
『大学ランキング 95』週刊朝日編　1994 年 5 月　朝日新聞社
『大学の「罪と罰」』桜井邦朋　1994 年 6 月　講談社
『新しい日本型大学―大学多様化の構想』磯村隆文・大川勉編　1995 年 2 月　阿吽社
『大衆教育社会のゆくえ』苅谷剛彦　中公新書 1249　1995 年 6 月　中央公論社
『大学教授解体新書　だから教授はやめられない』川成洋編著　1995 年 10 月　ジャパン・タイムズ
『「大学」は、ご臨終。』大磯正美　1996 年 9 月　徳間書店
『大学選び・常識の嘘　危ない大学』中村忠一　1996 年 9 月　三五館
『読切講談　大学改革』中野三敏　岩波ブックレット No.449　1998 年 3 月　岩波書店
『大学ビッグバン』ビジネス協議会編　1998 年 6 月　日本地域社会研究所
『大学―挑戦の時代』天野郁夫　UP 選書 276　1999 年 2 月　東京大学出版会
『学歴貴族の栄光と挫折』竹内洋　日本の近代 12　1999 年 4 月　中央公論新社
『潰れる大学・伸びる大学・経営診断』梅津和郎　1999 年 6 月　エール出版社
『独断的大学論』山口昌男　2000 年 10 月　ジーオー企画出版
『未来形の大学』市川昭午　高等教育シリーズ 106　2001 年 4 月　玉川大学出版部
『大学大競争　「トップ 30」から「COE」へ』読売新聞大阪本社編　中公新書ラクレ 91　2003 年 6 月　中央公論社
『大学改革の現在』有本章・山本眞一編著　講座 21 世紀の大学・高等教育を考える第 1 巻　2003 年 9 月　東信堂
『市場化する大学と教養教育の危機』上恒豊編著　龍谷大学社会科学研究所叢書第 84 巻　2009 年 3 月　洛北出版

『大学の教育力』金子元久　ちくま新書679　2007年9月　筑摩書房
『大学の誕生』下　天野郁夫　中公新書2005　2009年6月　中央公論新社
『教育ルネサンス　大学の実力』読売新聞教育取材班　2009年7月　中央公論新社
『現代日本の大学革新　教学改革と法人経営』清成忠男　2010年6月　法政大学出版局
『大学破綻』諸星裕　2010年10月　角川oneテーマ21　角川書店
『消える大学　生き残る大学』木村誠　朝日新書290　2011年4月　朝日新聞出版
『大学とは何か』吉見俊哉　岩波新書1318　2011年7月　岩波書店
『変容する現代の大学教育を考える』中部大学中部高等学術研究所編　2012年3月　風媒社
『笑うに笑えない　大学の惨状』安田賢治　祥伝社新書339　2013年10月　祥伝社
『今、なぜ「大学改革」か？』水戸英則編著　2014年9月　丸善プラネット
『文学部の逆襲』塩村耕編　2015年3月　風媒社
『いま、大学で何が起こっているのか』日比嘉高　2015年5月　ひつじ書房
『日本の大学の系譜』髙橋誠　2015年9月　ジアース教育新社
『文系学部解体』室井尚　角川新書K-58　2015年12月　角川書店
『学問の自由と大学の危機』広田照幸・石川健治・橋本伸也・山口二郎　岩波ブックレット938　2016年2月　岩波書店

III

東アジアの人文学の現在

近代日本における文学概念の導入と中国古典学

牧 角 悦 子

はじめに

　大学教員に求められるものは、教育と研究と大学運営の三種類の業務であると思っている。比重の重さは教員のタイプにもよるであろうが、どれかひとつの能力しか持たない教員を抱え込めるほど、私立大学には余裕はない。教員の質は研究業績に支えられた教育と、研究教育を商品として提供する運営への視点をバランスよく持っているかどうかにあるのだと思う。ただその中で最優先に求められるものが何であるのかで、その大学の特徴が決まる。高等教育機関として、学問研究の普遍的価値の追求をどこまで真摯に守れるか、つまり三者のうちの研究に対してどれだけの重要性を認知できるのか、それが大学の質に繋がるものだと考える。

　大学の質の問題を述べたのは、文学部という存在がそれと直結するからである。文学部で教えるものは、現実的価値に直結するものは少ない。特に古典学などは、何の即効性も持たない学問である。すぐに価値のある、すぐに社会に役に立つ能力を、文学部では中心に置かないのである。しかし、すぐに役に立つものはすぐに役に立たなくなる。即効性が無い故に時間の経緯に耐えて残る学問を提供することこそ、高等教育機関に求められたほんらいの価値であったとすれば、文学部の存在の意義にたいする認識こそが、その大学の教育の質への認識に繋がるはずである。

　本稿では、文学部の中国文学科に所属する古典学研究者として、文学部における古典学の意味を、文学概念の導入をひとつの切り口として考えてみたい。

1、文学部と文学

　文学部で学ぶものは文学ではない。文学という言葉から、我々現代人が想起するものは、小説を中心とした自己表現、すなわち文学作品である。しかし大学における「文学部」という存在は、文学作品を学ぶところではなく、広く人文学一般を対象とする学問を提供するものとしてある。つまり、文学部とは、人文学の学部なのである。

　この「人文」という言葉は、中国の五経のひとつである『易経』（『周易』賁卦）に「天文を観て以って時変を察し、人文を観て以って天下を化成す」とあるのに基づく。『易経』の本文では、「天文」と「人文」が対になっている。「天文」は天にある模様、それは日月や星辰とその運行なのだが、それをじっくり観察することで、季節の変化を察知できる。対応する「人文」は人の文様である。それは、人の持つ外貌だけでなく、人間の作り出す文化文明を言い、具体的には礼儀作法や学問や文芸を指す。それをしっかり観察することが人間の本質を見抜くことになり、そのような人は世界のリーダーとなれる、と『易経』は言う。中国の古典では、いわゆるリベラルアーツを「六芸」（りくげい）と言って、それは上に立つ者の教養とされた。人として身に着けるべき「六芸」すなわち「礼」「楽」「射」「御」「書」「数」というものが、「人文」の内容だったのである。

　因みに、「礼」とは礼儀作法。ほんらいは神霊すなわち死者の霊魂と海山の神々を祀り、人間世界の幸福を祈念する宗教儀礼であったものを、人間社会に置き換えて、秩序ある統治体制を構築するための規範を形に示したものである。「楽」は音楽。祭祀儀礼の際に奏され、祭祀の荘厳を内面から支えるものであり、また儀礼の意義を感性を通して実感させる装置としても重視された。「射」は的を射る技能。単純に獲物を得るための技術としてあるのではなく、人間としての固体と自然の中の対象物との間を、融合的に統一させる技能。「御」もまた「射」と同じく、人馬一体の統合能力を感得する技能。「書」「数」もまた、単純に読み書きそろばんという実用技能である前に、

自然界の霊力を人間世界の形に組み替える技能としてあった。これらの「六芸」と呼ばれる技能は、古代においては超越的力を人間世界の秩序に統御する術を指し、儒教の定着とともに、知識人の教養として確立したものであった。

　文学部の存在は、明治10年創立の東京大学に設置されたのがその初めである。明治の初期に高等教育機関として生まれた大学が文学部を持ったのは、エリートとしての基礎教養を修練させるためであった。その後、続けて設立された帝国大学は、同じようにどれも文学部を学部の筆頭に置く。後発の私立大学も、当然帝国大学に範をとるように、文学部を学部の最初に置く。これらの事実はみな、文学部で学ぶものが、個別の学問対象を超えた総合的学芸であったことの証左であろう。

2、前近代的学問体系

　ところで、日本において江戸期までは、学問といえば漢学がその中心であった。漢学とは、文化において先進国であった中国の学術全般を指す言葉である。厳密に言えば、「漢学」という言葉自体は「洋学」や「蘭学」、特に「国学」という、別の学問が認識された時に、それらとの相対化のために生まれた言葉なのだが、そのことは反対から言うと、学問といえば、それは漢学であったことを物語る。

　その漢学の最大の特徴は、「道」を中心にすえた精神性の高い士大夫の学問だということにあろう。四書五経を対象とし、そこに聖人の教えを見出し、それを祖述することによって、それぞれの時代を経営する。すなわち「経世済民」を最終目的とする学問が漢学なのである。中国においては士大夫が、日本においては武士層がみな漢学を修得したのは、彼らが天下国家の秩序をリードする存在だったからに他ならない。

　漢学は同時に、純粋に経典そのものを解釈しようとする学術的方向や、また洗練された自己表現を目指す漢詩文の創作という方向、そして身に付けた教養を後世に伝えるという教育的志向を持つのであるが、しかしやはり最終

的な目的は経世済民にあった。

　このように、社会に向かって大きく展開する学問体系として日本の知識層に浸透した漢学は、近代になって大きく転換する。漢学の持った様々な側面のうち、あるものは継承され、あるものは否定され、またあるものは変容を迫られることになるのである。

3、学問の近代化

　如上の前近代的学問体系、すなわち漢学的学問体系は、近代国家の成立と共に大きく変容する。西欧の近代的価値観の導入とともに、学問の世界も「道」を中心に据えた士大夫の学問から、客観性・普遍性を求める近代学術へ変化する。それまですべて漢学の内包するものであった学問の各分野が、法学・理学・文学、そして医学や社会科学という別の体系性の中で再構築されることになる。

　このような価値の転換の中で、漢学の持った多様な側面のうち、例えば経世済民は政治経済へ、学術は古典学へと変化する。また詩文の作成は、ふたつの系統に分かれて継承された。ひとつは国語としての漢文であり、いまひとつは自己表現としての漢詩文創作である。明治初期、口語表現が日本語表記としてまだ未成熟であった時期、漢文は国語として有用な役割を持った。漢文表記能力を持たなければ、高度な思想は語れなかったのだ。中江兆民や夏目漱石が二松學舍に学んだのも、この漢文標記能力を身につけるためであった。また、表現技術としての漢文技能とは別に、漢詩を書くことは一種の自己表現の手段として大きな有用性を持った。日清日露戦争の際に、戦意高揚のために官民挙げて多くの漢詩が作られ出版された一方で、同時期に夏目漱石が小説執筆の余暇に、自己清浄のために漢詩創作に没頭したことはよく知られる。

　このように、学問の近代化とともに、漢学の持った各側面は、変容しつつも継承されたと言って良いであろう。

4、近代と文学

　明治の初期、漢学的な土台（教養）の下に受け入れられた近代の価値観は、しかしその双方の持つ概念の齟齬を内包していた。はじめに述べた文学部における「文学」の語がその端的な例である。人文の学を提供する文学部において従来の漢学は、あるいはリテラシーとしての漢詩文技能の養成の方向へ（東京大学の古典講習課）、またそれとは別に古典学という新しいデシプリンの学術へ変化する（東京大学の漢文学科）。一方でこれら人文学とは別系統の学術として、「天文」「地文」に相当する自然科学の各分野が「理学部」「工学部」「医学部」等々に分離独立する。また「文学」という言葉にも、新しい価値転換がもたらされ、それは個人の内面を表出する言語作品という意味に変化する。夏目漱石が『文学論』の序文の中で、自分にとっての「文学」とは「左国史漢」つまり『春秋左氏伝』『国語』『史記』『漢書』といった中国古典の中の漢文表現であったのに、イギリスのそれは全く違う、と述べることが示すように、文学という言葉の表す意味は、この時期大きく揺れていたのだ。古典研究の分野においても、それまで漢学として総合的に学ばれていた学問体系が、各分野に分離独立する中で、漢文学・支那文学、あるいは中国文学・中国哲学という言葉で概括される新しい学術が構成されていくことになる。ここに、筆者が所属する「中国文学」という学問あるいは専攻が生まれることになるのであるが、そこには上述したとおり、近代的概念と前近代的概念の齟齬による矛盾が、根深く内包されていた。

5、漢学から中国文学へ

　中国学の一部である中国文学というものは、それまでの漢学とどう違うのだろうか。そもそも中国文学という言葉が指す対象が明確なものとしてあるのだろうか。たとえば、『詩経』は中国文学、『論語』は中国哲学、というような言い方に問題は無いのだろうか。筆者が専門としている『詩経』について言えば、それは発生の当初においては、古代の人々の神霊への祈願を背景に持つ歌謡であったのだが、文字化されテキスト化された漢代初期において、

すでに当初の意味はわからなくなっていた。更に前漢の後期になると、孔子との関わりが強調され、人倫の規範を提供するものだという読みが確立し、儒教経典となる。経典としての『詩経』は、近代的意味での文学とは異なる。また、古代歌謡としての『詩経』もまた、作者や作品という意識を前提としていないという意味では文学とは言えないだろう。つまり、『詩経』は文学か、という問いは意味を持たないのである。また、漢代文学・六朝文学、あるいは中国文学史という言い方を一般的に用いるが、漢代、あるいは六朝時代に、これが「文学」だと呼べる対象が「存在」していたのかというと、そんなものは無い。つまり、中国文学というものは、対象として「ある」ものではなく、対象に向かう「方法」としてある、というのが筆者の考えである。

　総合学であった漢学が、上述の過程で大学の学問体系の中に組み込まれる際に、四書五経および古典文献の解読は、文献として正確に読もうとする方向と、漢文リテラシーとして教学に生かそうとする方向と、そしてイギリス文学・フランス文学と並列する中国文学として読もうとする方向に分かれた。特に中国文学は、古典をエクリチュールとしてオシャレに読もうとする傾向を持つ。吉川幸次郎という稀有のプロデューサーの登場によって、中国文学は国民的認識を得るに至ったことも事実である。

　しかし、漢学がほんらい持った古典学としての意義は、文献学がその中心にあった。古典文献を正確に解読するために、文字学・音韻学・校勘学、さらには思想史・社会史的な背景の理解などを総括して初めて成り立つ古典学は、相当の修養と感性とを必要とする、洗練度の高い学問である。それは中国文学とも漢文教育とも異なる方向を持つ学問なのだ。そして学問が他の何者にも侵食されない自立した価値を持つのであるとするならば、恐らく古典学こそがその最も純粋なものとして存在する。

　近代という時代背景の中で、解体し再構成された漢学は、その意味で中国文学というものと同質のものではない。しかし、その二者の括りを超えた学問としての古典学というものが、やはりその双方に内在されている。

6、人文学と古典学

　現在の日本の学術体系は、大きな括りとしては人文・科学・医学に分かれているのだが、日本学術振興会の科学研究費の審査区分では、大区分がAからKまでの11区分、中区分が全部で64、さらに中区分の下に小区分が設けられている。審査の為の区分とはいえ、そこには細分化され成果を数値化させやすくするという、学術に対する政策的意図が強く反映されている。

　その中で、今問題にしている漢学と古典学について言えば、総合学であった漢学の中の、思想的な部分を対象とする学術は、区分Aの中の中区分1：思想、芸術およびその関連分野の小区分「哲学および倫理学」、また「中国哲学、印度哲学および仏教学関連」「思想史関連」のどれかに分類されることになる。また例えば『詩経』や唐詩などの古典を対象としようと思えば、大区分Aの中区分2：文学、言語学およびその関連分野の小区分「中国文学関連」にそれが対応することになる。

　しかし、既に述べたように、『詩経』をトータルに研究しようとすれば、それは経学として儒教と関連し、テキストの解釈体系の理解には哲学・思想史の背景、さらに中国史、思想史への理解が必要となる。とすれば、それはもはや「中国文学」の範疇を超えている。

　また、漢学の持った別の側面、例えば経世済民という政治学経済学的要素は、この分類のどこに入るのだろう。明治初期に渋沢栄一の唱えた資本主義（民本主義）や、晩年の義利合一論は、政治学・経済学と漢学、そして経典理解が近代的結合を果たしたものであるが、それはこの区分ではどのように分類されるのか。

　学振の学術分類は、一見明晰である。それは学術の価値の数値的評価に対応するためである。しかし学術というものは、ほんらい数値化できない要素を持つものであると同時に、分類を嫌う重層的要素を持つ。そもそもこのような区分とは異質の方向性を持つものとして、漢学の古典学としての総合性に、いまもういちど目を向けることも意味があるのではないだろうか。

中国のものに限らず古典学は、校勘学、音韻・文字学といった文献学的技能と、古典文献を性格に読むための知識・技能・感性などを必要とする。それは学振の審査区分には収まりきれない、言い換えれば別の体系性を持った学術なのである。また同時に、中国学に限らず古典学というものは、現実に即応する有用性は無い。古典文献の一文字の正確な校訂や解読は、現実社会において何の経済効果ももたらさないからだ。しかし、だからといって古典学、就中文献学というものは、存在価値が薄いものなのかと言うと、そうではない。そうではない理由を言葉にし、的確に発信するものとしても文学部の存在はあるのだと思う。

おわりに

　科研費や国家的な補助金事業の対象は、ひとえに有用性の有る、あるいはお金になる学問に厚いという傾向があることは周知の通りである。もちろんそれは学問と補助金の関係の問題であり、また社会が求める学問を明確化しただけの話なのであろうが、しかし数値で測れない、実効性や利殖につながらない学術の存在意味を世に問うのが文学部の存在である。

　少し前に、大学の大綱化によって教養課程が廃止された。そして今また文学部の存在が廃止の方向へ誘導されつつある。このような情勢の中で人文学と教養の意味について考えることは、国家や社会が実効的に求める学術への対応ではなく、学術そのものの自律的価値を考えることを我々大学人が強く求められているのだと思う。だとすれば、人文学、なかでも古典学の意義は、現実への実効性を超えた学術ほんらいの独立した価値を持つものであることを、文学部から発信することにこそ、現代的な意味があるのだと考える。

日本の大学における古典学の現況

町　泉　寿　郎

古典学をめぐる日本国内の動向

　筆者は東京大学駒場キャンパスで、学部学生に「東洋古典学」という漢文入門のような講義科目を2年間担当したことがある（2013・14年度）。古代ギリシャ語・ラテン語を対象とする「西洋古典学」が独立した研究室（東京大学・京都大学・名古屋大学）を有するのに対し、漢文を対象とする「東洋古典学」を標榜した組織はない。

　かつて東京大学に下記の経緯で古典講習科が置かれたが、その意義については、なお検討の余地があるように思う。

　　明治14（1881）12.10　加藤弘之、和学講習科新設を再建議。
　　明治15（1882）5.30　文部省附属として古典講習科新設。9.11 開講。
　　明治16（1883）2.19　古典講習科乙部開設許可。8月乙部開講。
　　明治17（1884）1.4　甲部を国書課、乙部を漢書課に改称。9月古典科後期生募集。
　　明治18（1885）4.6　別課と古典科、新規募集停止。
　　明治19（1886）3.2　帝国大学令公布。3.31 古典科官費生廃止。7.10 国書課前期生卒業。在学生数、国書課20人・漢書課48人（文科本科12人・撰科11人）。
　　明治20（1887）7.9　漢書課前期生卒業。在学生数、国書課17人・漢書課16人（文科本科18人・撰科10人）。
　　明治21（1889）7.10　国書課後期、漢書課後期、卒業。

当時の漢文、和文の教官は、以下の通りであった。

　秋月胤永、飯田武郷、大沢清臣、大和田建樹、岡松辰、加藤弘之、川田剛、木村正辞、久米幹文、黒川真頼、小杉榲邨、小中村清矩、佐藤誠実、佐々木弘綱、重野安繹、信夫粲、島田重礼、外山正一、内藤耻叟、中村正直、南摩綱紀、松岡明義、三島毅、物集高見、本居豊穎、横山由清

また、以下の生徒が卒業したことが知られる（掲出の順は卒業成績順）。

　国書課前期29人：松本愛重、小中村義象、関根正直、萩野由之、平田盛胤、永原清次郎、井上政次郎、東宮鉄真呂、今泉定介、丸山正彦、増田于信、今井彦三郎、三浦純雄、橋本光秋、伊藤肇、服部元彦、石田道三郎、豊田伴、若松釜三郎、小串隆、高木六郎、亀山玄明、鈴木重尚、反町鉎之介、伊藤平章、奥平清規、内山直枝、山田巽、西村金平

　国書課後期15人：岩本正方、西田敬止、平岡好文、赤堀又次郎、黒川真道、鹿島則泰、宮島善文、和田英松、星野忠直、井上甲子次郎、大久保初男、生田目経徳、須永球、佐佐木信綱、大沢小源太

　漢書課前期28人：市村瓚次郎、林泰輔、松平良郎、岡田正之、岡田文平、花輪時之輔、熊田鉄次郎、田野泰助、今井恒然、名取弘三、須藤求馬、滝川亀太郎、末永允、安原富次、堀捨次郎、宮川熊三郎、安本健吉、深井鑑一郎、福島操、池上幸次郎、渡辺恕之允、橋本好蔵、萱間保蔵、日置政太郎、福田重政、鈴木栄次郎、松本胤恭、与野山熊男

　漢書課後期16人：竹添治三郎、島田鈞一、山田準、児島献吉郎、長尾槙太郎、黒木安雄、平井頼吉、竹中信以、北原文治、藤沢碩一郎、斎藤坦蔵、菅沼貞風、大作延寿、桜井成明、関藤十郎、牧瀬三弥

日本の大学における古典学の現況　95

帝国大学文科大学古典講習科漢書課前期卒業記念写真（明治 20 年 7 月 9 日）

（前列左から）大澤清臣，三島毅，小中村清矩，加藤弘之，南摩綱紀，重野安繹，川田剛
（二列左から）萱間保蔵，安原富次，堀捨次郎，池上幸次郎，岡田正之，外山正一，島田重
　　　　　　　礼，中村正直，渡辺洪基
（三列左から）末永允，今井恒郎，岡田文平，深井鑑一郎，福田重政，橋本好蔵，福島操，
　　　　　　　与野山熊男，林泰輔
（四列左から）鈴木栄次郎，宮川熊三郎，渡辺恕之允，花輪時之輔，日置政太郎，松本胤恭，
　　　　　　　熊田鉄次郎，瀧川亀太郎，松平良郎，田野泰助

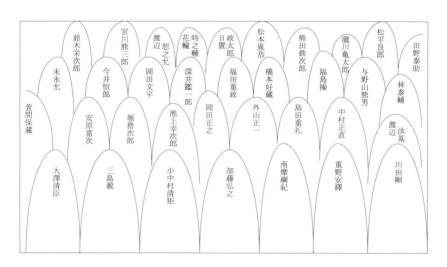

以後、漢文の教育の歴史は以下の経緯をたどることになる。

〈1〉初等・中等教育課程における「国語」の成立過程の中で、「国主漢従」のポジションを得て、漢文の地位は低下しつつも近代教育の中に位置づけられる。

  明治19（1886）中学校学科の変更により、「和漢文」が「国語及漢文」となる。
  明治32（1899）中学校令の改正により、「国語及漢文」併記から「国語」となる。
  明治33（1900）小学校の「読書」「習字」が「国語」に統合される。

〈2〉国民道徳の形成のため、漢文は以下のような経緯により「道徳の教材」となる。

  明治14（1881）「修身」が筆頭教科になる。
  明治23（1890）「教育勅語」渙発。
  明治41（1908）「戊申詔書」渙発、国民道徳涵養運動本格化。

〈3〉臨時教育会議官制（1917〜19年）により大学令が改正され、皇典講究所が國學院大学となるなど、国学・漢学が復興する。大東文化学院（1923年）、また東方文化研究所や斯文会など諸団体が成立した。

かつて石川忠久・戸川芳郎両氏らは日本学術会議の語学文学・東洋学・西洋古典学の各研究連絡委員会の審議結果を取りまとめて「新しい価値観の確立と古典学研究所の設置について」を提言したことがある（2000年）。またこの前後に池田知久氏は科学研究費特定領域研究「古典学の再構築」を推進した（1998〜2002年度）。

文部科学省が推進する特定領域研究のうち、人文学領域ではその後、磯部彰氏「東アジア出版文化の研究」（2000〜04年度）、佐々木勝浩氏「我が国の科学技術黎明期資料の体系化に関する調査・研究（江戸のモノづくり）」（2001〜05年度）、小島毅氏「東アジアの海域交流と日本伝統文化の形成（寧波プロ

ジェクト）」（2005〜09年度）等があった。

　高等教育改革では、COEプログラム（21COE：2002〜09年、G-COE：2007〜13年）等を通して、旧帝大による基礎研究、国公立大による地元還元型研究、私大は建学の精神を核とした研究と、教育研究の再編が進んだ。旧帝大など拠点大学に補助金が集中する一方で、私立大学戦略的研究基盤形成支援事業（2008〜15年度募集、SRF）等の措置も講じられた。COEプログラムが新学領域構築につながった例としては、死生学（東京大学・島薗進氏）、文化交渉学（関西大学・陶徳民氏）、演劇学（早稲田大学演劇博物館）等が想起される。

近年の古典学

　近年の動向としては、長島弘明氏立案の日本古典籍テキストデータベースが国文学研究資料館に引継がれて、全国所蔵機関との連携による日本古典籍デジタルデータベースを構築中である。東京大学史料編纂所の田島公氏らの「日本目録学」プロジェクトや、中野三敏氏が提唱した「和本リテラシー」も浸透しつつある。慶應義塾大学斯道文庫諸氏の取り組み、齋藤希史氏らの「東アジア古典学」や河野貴美子氏らの「日中古典学」の取り組みが続けられている。西洋・東洋共同の古典学の試みもあるが、必ずしも実現に至っていない。東京大学文学部が2018年入学生より「人文学科」一学科に改組されることも、教育組織の動向として注目される。

　150年に亘って構築され維持された人文学領域における哲学・史学・文学語学の基本的枠組が改変されていくのかどうかは不明だが、電脳社会化が進行しつつあるなか、「学際性（特に文理融合的な内容）」と「国際性」はなお研究教育刷新の必要条件であるようだ。

　上記の昨今の趨勢のもと、却って研究教育資源としての「漢文」への関心は向上しており、「漢文」を取り巻く環境は、必ずしも暗くない。「漢文」への関心の高まりと国際的な動向との関係について、米国の日本研究者は筆者に東西冷戦崩壊後のアメリカのアジア戦略の転換が日本学における漢文の需要の高まりをもたらしたと語ったし、昨今の中国における研究動向も大きな

刺激となっていることは間違いない。

二松學舍大学における日本漢文研究の取組み

　二松學舍大学21世紀COEプログラム「日本漢文学研究の世界的拠点の構築」は、漢文のわが国における歴史的意義に鑑み、日本学のツールとして漢文の重要性を訴えた。現在はその後継事業として、SRF補助事業「近代日本の「知」の形成と漢学」(2019年度)を推進中である。

　「近代漢学」の諸課題は、二松學舍大学が最も期待され、また貢献しうる課題である。「近代漢学」が持った正負両面を見据えつつ、道徳教育や対外関係等にも踏み込み、また宗教や実業家と漢学の関係など新しい角度からの研究を進めつつある。医学史・科学史など自然科学系分野との共同研究にも取り組んでいる。

　日本学は日本文学と同義ではなく、本学の漢文研究(或いは漢学─漢文による学び)は漢詩文を主対象とするいわゆる漢文学と同義ではない。従来の和漢古典籍の整理過程で「和刻本漢籍」「準漢籍」が立項されたことが一因となって、日本古典籍から哲学思想文献が脱落または帰属不明となっている。筆者はこれを問題視して『国書総目録』を再編し『江戸漢学書目』『江戸明治漢詩文書目』(2006年)を編成したことがある。従来、和刻本漢籍・準漢籍は中国学研究者や日本思想史研究者らが研究対象としてきたが、全ての和刻本漢籍・準漢籍(自然科学系書籍もこの中に多く含まれる)を日本古典籍に含め、それ対象とした古典学が必要である。

　国際的研究教育の取り組みとしては、従来からの継続事業として海外漢文講座の実施や、北京大学のプロジェクトに呼応した「儒蔵」編纂協力がある。また、SRF事業と大学院が連携しつつ、海外大学との交流協定による国際的共同育成を進めつつある。博士(日本漢学)の学位も新設した。

中国の高等教育機関における
日本語教育について

王　　宝　平

　21世紀末以来、中国の経済成長が著しく、GDP（国内総生産）は2007年世界第3位のドイツを抜き、2010年は、1968年以来世界第2位の座に座り続けてきた日本を乗り越えるようになった。一方、中日関係は1972年国交正常化以来培ってきた中日友好のハネムーンといわれる時代が終焉し、摩擦が絶えなかった。小論はこのような時代背景下における中国大陸の日本語教育の現状を紹介し、その未来を展望しようとするものである。

1. 高等教育機関における日本語学科

　2017年8月、中国教育部は中国の高等教育機関数について、次のような統計を公表している（表1）[1]。これによると、中国の高等教育学校（機構）数は以下の4つから構成される。1．「研究生培養機構」（院生養成機構）796校。大学481校と研究機関（社会科学院系統）315校から成る。2．「普通高校」2305校。大学1090校と専科院校1215校（高等職業学校1071校が含まれる）から成る。3．成人高等学校（社会人高等学校）384校。4．その他の私立高等教育機構812校[2]。

　上記1090校の大学のうち、322校ほどの「独立学院」が含まれる。独立学院は概ね20世紀末に民間資金で創立された4年制大学で、キャンパス・教職員・財政等が母体からの独立を要求されることから、独立学院と名付けられている[3]。独立学院は私立大学なので高価な学費を払わされるのも止むを得ないことであろう。たとえば、浙江工商大学では1999年に杭州商学院という独立学院を創立し、現在9千人ほどの学生が在籍する規模に発展して

いる。同じ 2016 年度金融学科の年間学費で、省立浙江工商大学の学生が4400 元であるのに対して、独立学院の学生は 5 倍も高く、21000 元（約 35万円）徴収される。

表１．高等教育学校（機構）数

単位：所
Unit: Institutions

	計 Total	中央部委 HEIs under Central Ministries & Agencies			地方部門 HEIs under Local Auth.			民弁 Non-state/Private
		計 Total	教育部 HEIs under MOE	其他部委 HEIs under Other Central Agencies	計 Total	教育部門 HEIs under MOE	非教育部門 Run by Non-ed. Dept.	
1.研究生培養機構 Institutions roviding postgraduate Programs	796	373	73	300	423	360	63	
普通高校 Regular HEIs	481	98	73	25	383	359	24	
科研機構 Research Institutes	315	275		275	40	1	39	
2.普通高校 Regular HEIs	2305	111	73	38	1538	877	661	656
本科院校 HEIs Providing Degree-level Programs	1090	106	73	33	614	543	71	370
其中:独立学院	322			5				322
専科院校 Non-university Tertiary	1215	5		5	924	334	590	286
其中:高等職業学校 Of which: Tertiary Vocational-teachnical Colleges	1071	2		2	790	274	516	279
3.成人高等学校 HEIs for Adults	384	14	1	13	368	154	214	2
4.民弁的其他高等教育機構 Non-state/Private HEIs	812							812

上記の 1090 校のうち、筆者の調査では、日本語学科が設置されている大学は 468 校（国公立大学 375 校、私立大学＝独立学院 93 校）となっている。ま

た、1215校の専科院校(短期大学・高等専門学校)のうち、62校に日本語学科がある[4]。このように、日本語学科は外国語学科の中で英語(994校)に継ぐ、動かしがたい存在となり、3位のロシア学科(137校)をはるかに凌駕していることがわかる[5]。

　ところが、この468校の日本語学科の大半は21世紀に誕生したものである。1949年新中国成立後から1985年までの中国大陸では、日本語教育専門機関が46校しか設置されなかった[6]。この緩やかな増加ぶりは1990年代まで継続していったが、図1に示したように、今世紀から様変わりした。2000年から2012年にかけて、12年間連続して毎年2桁の勢いで日本語学科が開設され、その数は総計338校に上っている。特に、2002年から2006年までの5年間は、毎年30〜40校ほどの「ベビー」が誕生し、合わせて182校に開設され、「ベビーブーム」の時代と言ってもあながち不当な形容ではないであろう。

図1．1991年〜2014年中国4年制大学新設日本語学科数[7]

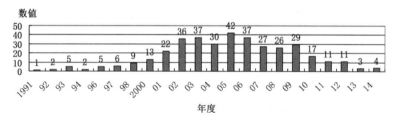

　このような4年制大学日本語学科の増加に連動して、日本語科の大学院も急速な伸び率を見せた。最近の調査では、2011年現在、全国で95校に修士課程が設置され、そのうちの64校は2000年以降に新設された[8]。そして、博士後期課程も2002年現在の3校から2007年現在の15校に拡大したという[9]。

2．高等教育機関における規模の大きい日本語学科

　上記日本語学科が設置された大学の中で、規模からいえば、大連外国語大

学は何と言っても首座に座るであろう。1964年に発足し、同大学の中でも最も歴史の古い日本語学科は、2015年現在、学部生は約3000人、大学院生は約270人ほど在籍し、日本を除く世界最大の日本語教育機構だと自負している[10]。

大連外国語大学に継いで、紹興市に位する浙江越秀外国語学院は、全国二番目に日本語学部生を抱える大学であろう。1981年に発足して、2008年大学に昇格した同大学では、2015年5月現在、1年生から4年生まで36の日本語学科のクラスが設置され、1199人（そのうちの本科生1179人）も在籍しているという[11]。

上記学部生以外に、短期大学で日本語学科の学生を一番募集している教育機関は安徽省合肥市にある私立安徽外国語学院であろう。同校は2011年、従来の安徽外国語職業技術学院（短期大学）から四年制大学に昇格して以来、飛躍的発展を遂げている。同東方語言学院では、日本語学科（本科）以外に、応用日語、商務日語、観光日語、酒店（ホテル）管理（日本語）などの専科学科、及び商務日語（中日「2+2」養成）の学生を募集している。そのうち、日本語学科の学部生数は安徽省で最大で、3年制の日本語学科の学生数も少なくとも華東地域で最大だといっている[12]。

表2は筆者が同大学日本語学科に対して調査した結果である。ここ3年間のデータしかない遺憾はあるが、2015年からの3年間に、本科生375人、短大生644人を世に送り出したことがわかった。両者を合計すると、紛れもなく毎年1千人以上の日本語学科の学生が在籍している。

ちなみに、大学ではないが、高校で最大規模に日本語教育が行われている教育機関は浙江省安吉県にある上墅私立高級中学であろう。1984年、新中国成立後最初にできたといわれるこの私立高校では、現在高等普通教育以外に高等専門教育も行われている。そして、表3に示したように、2017年に250人の日本語クラスを募集する計画が公表されている[14]。

表2．安徽外国語学院日本語関連学科卒業生一覧[13]

学科（専門）	学制	卒業生数（15年、16年、17年）			計（名）
日語	4年	95	148	132	375
応用日語	3年	50	30	45	125
商務日語	3年	119	64	86	269
旅游日語	3年	56	24	30	110
酒店管理（日語）	3年	55	22	38	115
商務日語（国際合作）	3年	0	0	25	25
総計（4年制+3年制）		375（95+280）	288（148+140）	356（132+224）	1019（375+644）

表3．安吉県上墅私立高級中学2017年日本語クラス募集計画

クラス名	学制	定員（人）
日語特色班	高等学校（3年）	80
商務日語	高等専門学校（5年）	30
日語（アニメ・ゲーム）	中等専門学校	40
英日双語	中等専門学校	40
商務日語	中等専門学校	40
日語国際班（豊田留学班含まれる）	3年	20
計		250

　そのうちの「英日双語」クラスは英語と日本語を同時に習得することを特色としている。当高校はさらに1999年浙江宇翔外国語専修学院を作って、大専（3年制短大）や自考本科（独学で勉強する人のための、認定試験、大学資格認定試験）の学生に高等教育を施行している。その内の日本語学科の定員は2015年の40人から、2016年・2017年の60人となっている（表4）[15]。

表4．浙江宇翔外国語専修学院2015年～2017年日本語クラス定員

クラス名	学制	定員（15年、16年、17年）			計（人）
商務日語班	4年	40	40	40	120
日本豊田班	日本の短大へ進学	0	20	20	40
総計		40	60	60	160

　この浙江宇翔外国語専修学院は上墅私立高級中学と同じキャンパス内にあ

り、教職員も共有している。両方で毎年日本語学習者を300人以上募集していることになる。

3. 日本語ブームの原因

　周知の通り、21世紀に入って以来、中日関係の進展は必ずしも穏やかなものではなかった。2001年から2005年にかけて小泉純一郎氏が首相在任中に、歴史教科書、靖国神社参拝、李登輝訪日などをめぐって中日間にぎくしゃくした問題が相次いで起きた。その影響を受けて、中日関係は「政冷経熱」(「政治の関係は冷たいが、経済の関係は熱い」) という状況に一変した。その後、安倍晋三首相 (2006年) や福田康夫首相 (2007年) が「破冰の旅」、「迎春の旅」といわれる中国訪問を行い、温家宝首相 (2007年) や胡錦涛主席 (2008年) が「融冰の旅」(氷を溶かす旅)、「暖春の旅」といわれる訪日を実現した。その上、北京オリンピックや上海万博を迎える中国経済の勢いが増すなかで、中日経済関係もかろうじて熱さを維持していったが、2012年9月、野田政府が釣魚島 (日本名：尖閣諸島) を国有化したため、中日の政治関係が急速に悪化し、「政冷経冷」というどん底に落ち込んでしまった。

　しかし、上記のように、中国の日本語教育は、皮肉なことにこれらの政治情勢と無関係のように発展して、日本語ブームの様子を呈したことがわかる。その背後に隠れた理由は何であろうか。

　まず、中国高等教育の急速な発展。1999年、教育部が21世紀に向けての教育を速く発展させるべく、「面向21世紀教育振興行動計劃」を頒布した。その中で、低い大学進学率を是正するために、翌2010年の進学率が目標15％と定められた。この目標を実現するために、新入生の定員が増加すると共に、新しい高等学校の設置も勧誘された。大学の方針が従来の少人数のエリート教育から大衆化教育に質的に変身したのである。その結果、2015年現在、21世紀以来新設された本科大学数は678校に上り、全国本科高校1219校の55.6％も占めている。また、この新設大学の中に民間資金で創設された、いわゆる民弁大学[16]も417校含まれており、2016年5月現在の1236校の本科

大学の3割以上を占めていることがわかった[17]。

　このような急速な大学の拡張は、大学進学率を大いに高めることにつながった。1999年は前年比47%増、翌年は38%増、3年目は28%増と毎年定員が増加して、3年間で倍増の結果となった[18]。そして、1999年に1998年より48%増の160万人の学生を募集し、2001年は260万人募集して、初めて50%の進学率を突破した。さらに、2008年は57%の進学率に達したという[19]。

　上記の今世紀以来毎年多数の日本語学科が誕生したのは、このような大躍進の時代と密接な関係があるのであろう。

　次に高い就職率。周知の通り、今世紀以来、中国の経済はめざましく発展し、GDPは世界第6位（2000年、2001年、20013年、2014年）から、第5位（2002年、2005年）と上り、そして、2006の第4位、2007年の第3位を経て、2010年より今日まで第2位を維持し続けている[20]。このような経済の高度成長は高い就職率を提供することを可能ならしめた。表5は最近3年間しか得られない統計であるが、高い就職率の一斑が伺える。

表5．2014年～2016年度大学生就職率[21]

就職率＼年度	2014年度	2015年度	2016年度
全国本科生平均就職率	92.6%	92.2%	91.8%
全国短大生平均就職率	91.5%	91.2%	91.5%
全国高等学校平均就職率	92.1%	91.7%	91.6%

　この高い就職率に日本語学科の就職率も含まれている。日本語学科の高い就職率を支えているのは、日本側の中国への投資と密接な関係があると思われる。統計によると、日本の2006年以来の対中直接投資実行額は、変動はあるものの、全体として横ばいか、増長の傾向が見られ、特に2011年、2012年は著しく増長し、2013年でそのピークを迎えた[22]。

図2．日本の対中直接投資実行額（中国側統計ベース）

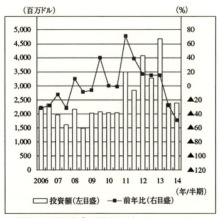

(資料) 中国商務部「中国外資統計」

　日系企業の対中投資に伴い、在中国の日系企業が増加ないし拡大し、現地での求人が増え、日本語の分かる人材の就職率を高めたと考えられる。たとえば、2000年から2007年にかけて、どの大学の日本語学科でも100％に近い就職率を確保したという調査がある[23]。また、年度によっては、就職率上位50の学科に入る報告もある[24]。

　日本文化の中国社会への浸透も日本語ブームの一因である。ファッション、歌、特に日本アニメの影響が大きい。統計によると、中国の「網民」といわれるネットの利用者は2002年の5910万人から2012年の5.6憶に急増し、10年間に10倍も増長したという。これらの「網民」はネットから日本のアニメを始めとした大衆文化に触れて、日本文化のファンとなった若者も少なくない。特に「字幕組」といわれる人たちがボランデイアで日本語版のアニメを中国語に翻訳して、中国語字幕でネット上に流したりすることは、若者に広範な影響を与えている[25]。そして、『名探偵コナン』、『ドラえもん』、『ワンピース』、『ちびまる子ちゃん』、『ハローキティ』、『ウルトラマンシリーズ』などの日本アニメは中国でキャラクターとしての人気が高い。ファーストフードやコンビニのプレゼントキャンペーンや、「微信（WeChat）」のスタンプな

どで日本のキャラクターが登場するケースが増えているという報告もある[26]。
　このような日本文化の中国への浸透は、中国人の日本語学習者や日本への留学生の増加に大きな役割を果たしたと考えられる。日本学生支援機構が毎年外国人留学生在籍状況について調査を行っている。図3は、筆者がそのうちの2000年〜2017年度中国人留学生在籍状況をピップアップしたものである[27]。これによると、2000年の3万人台から毎年1万人ずつ増加して、2003年には大幅増となり7万人台に突入した。さらに、2005年に8万人台に達した。しかし、2005年春に中国各地で起こった反日デモなどの影響を受けて、2006年からは4年連続して7万人台に逆戻りした。それが2010年より再び8万人台に戻り、2013年まで好調が続いた。そして、2014年から大幅な増加に転じ、2016年まで9万人台を保ち続けた。さらに、2017年に至っては、初めて10万人台を突破した。このように中国人留学生在籍状況に増減はあるものの、全体としては増えつつある。

図3．2000年〜2017年度中国人留学生在籍状況

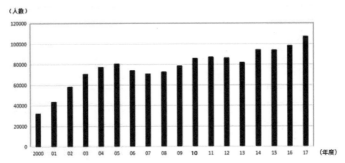

4．今後の展望
　中国の日本語教育は中日関係が「政冷経熱」にせよ、「政冷経冷」にせよ、飛躍的に発展してきたものの、「ポスト黄金時代」に入りつつあるのは、否めない事実であろう。
　その一例として、日本語学習者数の減少が挙げられる。2016年11月10

日、国際交流基金は三年一度の世界の日本語教育の調査を行い、その報告書「2015年度日本語教育機関調査結果（速報値）」を公表した。それによると、中国の日本語学習者数は依然として世界一位の順位を守っているが、前調査年度（2012年）の104万人から95万人に減少し（表6）、93,207人も減少となった（表7）。

表6．学習者数上位10か国・地域の変化

2012年度順位	2015年度順位	国・地域名	2012年度学習者数（人）	2015年度学習者数（人）	増減率（％）
1	1	中国	1,046,490	953,283	△8.9
2	2	インドネシア	872,411	745,125	△14.6
3	3	韓国	840,187	556,237	△33.8
4	4	オーストラリア	296,672	357,348	20.5
5	5	台湾	233,417	220,045	△5.7
7	6	タイ	129,616	173,817	34.1
6	7	米国	155,939	170,998	9.7
8	8	ベトナム	46,762	64,863	38.7
10	9	フィリピン	32,418	50,038	54.4
9	10	マレーシア	33,077	33,224	0.4

表7．2012年度と比較して学習者数が減少した国（減少人数順）

順位	国・地域	減少人数
1	韓国	283,950人
2	インドネシア	127,286人
3	中国	93,207人
4位以下	53か国・地域	30,900人
計	56か国・地域	535,343人

　この中国の日本語学習者減少の原因について、国際交流基金の報告書では、「2001年に「全日制義務教育英語課程標準」（日本の学習指導要領に相当）が制定されて以降、全国的に広く初等教育における英語導入・強化が進み、中等教育においても外国語科目として英語を選択する機関が増加した。この影響は高等教育にも及んでおり、今回の調査においても、英語科目の重視が日本

語科目の運営に影響を及ぼしていると回答する機関が多かった。このような英語志向の高まりを背景に日本語専攻の学科・学生数が減り、全体として学習者数が減少した（約9.3万人減）。」[28] と分析している。その分析に概ね賛成するが、最近、新しい動きが中国の高校で生じている。

　従来、大学受験科目で外国語といえば、英語以外の選択肢が殆どなかったが、2014年年9月19日に、浙江省政府は「浙江省深化高校考試招生制度総合改革試点方案」を頒布した[29]。その改革案の一つとして、2017年から、語文、数学、外国語を統一試験科目とし、外国語では英語、日本語、ロシア語、ドイツ語、フランス語、スペイン語から自由に択一して受験することが可能になったことである。つまり、英語苦手の高校生には、選択肢が増えた。そして、江西省でも同じ改革案が公表された[30]。教育部では全国の高校の専任教師の学歴に対する調査が行われた。そのうちの外国語（英語・日本語・ロシア語）の教師の事情をヒップアップして、表8にまとめた。この表に明らかなように、日本語の教師572人は英語の教師243,456人に比べて、端数にすぎない。教員数が足りそうにもないので、浙江省の多くの高校では、日本語の教員も募集するようになった。そして、2016年4月26日に浙江省中学日語教育協会が浙江省奉化第二中学校で発足した。寡聞ながら、浙江省では中学校・高等学校の外国語協会（英語も含めて）はこれが最初である。今後、高校での日本語学習者は増えてくると予想される。

表8．高等学校外国語専任教師学歴調査一覧表（単位：人）[31]

合計　その内	小　計	英　語	日本語	ロシア語
合計	245,988	243,456	572	552
女性	178,022	176,305	443	405
都市部勤務	117,792	116,311	425	227
修士学歴	14,539	14,331	66	44
学士学歴	225,191	222,971	480	497
短大・高等専門学校学歴	6,201	6,099	25	11
高等学校学歴	51	49	1	

しかしながら、上に述べた通り、中国の大学の日本語学科の多くは元来今世紀の大躍進の時代の産物であったし、グローバル時代に入って以降、外国語という道具は従来の魅力が褪せつつあるので、バブルが弾ける流れを拒むことはできまい。

但し、厳冬の訪れにはまだほど遠い。日本が経済大国の地位を維持していられる限り。

付記

小論執筆中に、安徽外国語学院黄碧波講師に協力していただきました。記して感謝の意を表します。

注

1 　中華人民共和国教育部ホームページ：http://www.moe.edu.cn/publicfiles/business/htmlfiles/moe/s4960/201012/113595.html。なお、表題や表中の表現は原文のままである。2018年1月6日アクセス。以下、アクセス日も同じ場合は、略す。

2 　ちなみに、平成29年（2017）5月1日現在日本の高等学校数は、大学779校、短期大学387校、高等専門学校57校となっている。大学の内訳は国立86校、公立89校、私立604校である。「公立大学について」、文部科学省ホームページ：http://www.mext.go.jp/a_menu/koutou/kouritsu/。

3 　2008年2月4日付中華人民共和国教育部令『独立学院設置与管理弁法』、2008年4月1日より施行。

4 　中国教育在線：http://www.eol.cn/。なお、一校に複数の日本語学科名（商務日語、応用日語の類）の場合、1校と計算。また、重複した大学名は除去する。

5 　英語やロシア語の学科数は、2013年7月13日、「教育部2013—2017年高等学校外語専業教学指導委員会成立大会」における教育部高等教育司副司長劉貴芹氏の発表による。なお、同氏のこの日の発表では、2013年7月現在、大学に日本語学科が設置されたのは506校であるという。

6 　その内訳は1949年～1966年14校、1970年～1976年18校、1976年～1985年14校。以上総計、総合大学21校、外向型（外国語・対外貿易）大学14校、師範大学10校、理工大学1校。伏泉『新中国日語高等教育歴史研究』、上海外国語大学博士論文、2013年、97頁。

7 　筆者が中国の教育部ホームページを中心に調査したものである。そのうちの1995年度と1999年度の統計は見当たらぬ。

8 　伏泉『新中国日語高等教育歴史研究』、143—144頁。

9 修剛『中国高等学校日語教育的現状与展望―以専業日語教学為中心』、『日語学習与研究』2008年5号。そのうちの一部は下記のとおり。北京大学（1986年、設置年度、以下同じ）、北京外国語大学（1993年）、東北師範大学（1998年）、上海外国語大学（2000年）、吉林大学（2005年）、広東外語外貿大学（2006年、以下、「外国語言学与応用語言学」研究科に属する）、洛陽外国語学院（2006年）、黒竜江大学（2011年）、南開大学（2011年）。伏泉『新中国日語高等教育歴史研究』、142―143頁。なお、筆者の調査では、厦門大学（2011年）、中国人民大学（2011年）、南京大学（2011年、但し「東亜語言文学博士点」という）、山東大学（不明）でも日語語言文学博士後期課程が設置されている。
10 「"規模磅礴揚四海"―日本本土之外世界最大的日語教育教学機構」、2015年4月10日付大連外国語大学日本語学院ホームページ「学院概況」による。
11 浙江越秀外国語学院東方語言文化学院ホームページ→人材培養→日語専業：http://dy.zyufl.edu.cn/2015/1010/c663a8771/page.htm。
12 安徽外国語学院ホームページ「東方言語学院の紹介」：http://www.aflu.com.cn/Language/about/1/2010-12-6-936.html。
13 筆者が『安徽外国語学院2015年就業質量年度報告』及び同学院ホームページに掲載された、2016年度・2017年度安徽外国語学院卒業生統計表に基づき集計したもの。
14 安吉県上墅私立高級中学ホームページ→招生系統→招生計画。なお、クラス名は原文のまま。http://www.yxwy.org/col-22.html。
15 浙江宇翔外国語専修学院ホームページ→招生信息：http://www.yxwy.org/col-22.html。
16 民弁大学と独立学院は違う概念で、後者は前者に含まれるはずであるが、混同して使用されることが多い。
17 教育部高等教育教学評估中心『中国本科教育質量報告』。人民網2017年10月16日「権威発布！ 最新版高等教育質量"国家報告"出炉」：http://edu.people.com.cn/n1/2017/1016/c367001-29588440.html。
18 伏泉『新中国日語高等教育歴史研究』、138頁。
19 百度文庫「科教興国―中国高校歴年招生人数一覧」：https://wenku.baidu.com/view/dbc40fe4227916888586d71e.html。
20 「1980～2014年中国国民生産総値排位変化」：http://bbs.tiexue.net/post_8467676_1.html。
21 2017年6月12日「2017年大学生就業率為91.6% 平均月入3988元」：http://edu.sina.com.cn/zl/edu/2017-06-12/doc-ifyfzhac1579325.shtml。
22 岩崎薫里「転換期にある日本の対中直接投資：アメリカとの比較を交えて」、『Rim:環太平洋ビジネス情報』(55) 2014。
23 田雁「中国日語熱的現状与前景」、『日本研究』2011年4号。
24 「2012届就業率較高的主要本科専業（前50位）」、「麦可思中国2012届大学畢業生社会需求与培養質量調査」：https://wenku.baidu.com/view/2cbdb8fb5ef7ba0d4a733b47.html。
25 祝方悦「大衆文化連接的中国与日本―"動漫粉"誕生的意義」、園田茂人主編、王禹、

韋平和訳『日中関係 40 年史（1972〜2012）Ⅳ民間巻』、社会科学文献出版社、2014 年、100 頁。

26　日本貿易振興機構（ジェトロ）上海事務所「中国アニメ市場調査」（2015 年調査報告）、中国動漫産業網：https://www.jetro.go.jp/ext_images/_Reports/02/1f66d82225adddff/03animation_shanghai6.pdf。

27　独立行政法人日本学生支援機構「外国人留学生在籍状況調査結果」：http://www.jasso.go.jp/about/statistics/intl_student_e/index.html。

28　国際交流基金「2015 年度日本語教育機関調査結果（速報値）」：http://www.acras.jp/wp-content/uploads/2016/11/4aec69cde7f5878a2feb01f8d494d1af.pdf。

29　2014 年 9 月 9 日付「浙江省人民政府関于印発浙江省深化高校考試招生制度総合改革試点方案的通知」、中華人民共和国教育部ホームページ：http://old.moe.gov.cn/publicfiles/business/htmlfiles/moe/s8367/201409/175287.html。

30　「江西省人民政府関于印発江西省深化考試招生制度改革実施方案的通知」、江西省人民政府ホームページ：http://www.jiangxi.gov.cn/zzc/ajg/szf/201602/t20160224_1249783.htm。

31　「普通高中分課程専任教師学歴情況」、中華人民共和国教育部ホームページ：http://old.moe.gov.cn//publicfiles/business/htmlfiles/moe/s8493/201412/181864.html。

"Japanese Studies in the United States: Its Foundation in Anti-Catholicism"

Kevin M Doak

Abstract: In this chapter, Doak recounts how Japanese Studies began in the West through the scholarship of 16th century Catholic missionaries, but ironically developed in the United States in a context of anti-Catholicism. Beginning with Commodore Perry's 1853 Excursion that brought Japan to the attention of the American public, and even before Japanese Studies became institutionalized in the university, Japan was almost a monopoly of Protestants in America. As Japanese Studies entered the American university before, during and immediately after World War II, it was still Protestants who led the development of the academic field. From McCarthyism (seen as a Catholic attack on Asian Studies) of the 1950s through the new liberalism of the post 1960s, a strong anti-Catholicism that shaped American higher education in general also infected university programs in Japanese Studies. Today, even with the splintering of Japanese Studies into many subfields and the growth of interest in Japanese pop culture outside the university, attitudes critical of Catholic values remain dominant among those Americans most interested in Japan.

The origins of Japanese Studies in the West are found in the writings of Catholic missionaries to Japan in the middle to late 16th century. St. Francis Xavier, S.J. began writing perceptive letters on the Japanese people, their culture, language, and beliefs soon after his arrival in Kagoshima on August 15 1549. His letters may be taken as the first anthropology of Japan ever compiled by a Westerner, and it is worth remembering that he was not only a Christian missionary, but one of Europe's top scholars before he left the University of Paris to join the Society of Jesus. His writings on Japanese people and their culture stand the test of time and often ring true even of the

Japanese people and their culture 450 years later. But Xavier was not the only Jesuit to make significant contributions to Japanese Studies. João Rodrigues, S.J. came to Japan in 1577, a young man of about 15 years of age, and mastered the Japanese language so well he became known as Tçuzzu, the Interpreter. Of his many contributions to Japanese Studies, his greatest was compiling the first ever Japanese grammar, the *Arte da Lingoa de Iapam* (1604). It is no exaggeration to say that Catholics created the field of Japanese Studies. Yet, by a curious twist of fate, Japanese Studies in America, which has dominated the field outside Japan itself for over fifty years or so, has been built on not merely a marginalization of these foundational Catholic contributions but even on an anti-Catholic bias.

The anti-Catholic bias of American Japanese Studies in part is merely a reflection of the anti-Catholicism that Harvard University Professor Arthur Schlesinger Sr. called in 1942 "the most persistent prejudice in the history of the American people."[1] While it is certainly true that a general anti-Catholic bias permeates American history and society, more relevant to understanding the relationship of that bias to the establishment of Japanese Studies in America are the particular events in the history of Japanese Studies in that country. No doubt the Perry Mission to Japan in 1853 was the watershed in American interest in Japan and responsible for the subsequent explosion of publications on Japan in America. Prior to Perry's departure for Japan, there were only nine works on Japan in the Brooklyn Public Library. But starting in 1854 and up to 1904, there were 186 books on Japan in that library.[2] William Eliot Griffis wrote that Perry "had asked for permission to purchase all necessary books at a reasonable price. Von Siebold's colossal work was a mine of information... By setting in motion the machinery of the librarians and book-collectors in New York and London, Perry was able to secure a library on the subject. He speedily and thoroughly mastered their contents."[3]

Samuel Eliot Morrison confirmed that Perry had read at least *Manners and Customs of the Japanese in the Nineteenth Century* (1841), which was a revised edition of von Siebold's *Nippon*, Engelbert Kaempfer's *History of Japan* (Pinkerton Voyages, 1811), Russian Imperial Navy Captain Vasilii Mikhailovich Golownin's three volume *Memoirs of a Captivity in Japan* (1813), Charles MacFarlane, *Japan: an Account, geographical and historical* (1852), and Carl Peter Thunberg's *Travels in Europe, Asia and Africa* (1795).[4] Anti-Catholicism suffused most of these books. Golownin, for example, writing on the early Jesuit missionaries to Japan, whom he called "pretended Christians" wrote that "self-interest was the only motives of those preachers, and that religion was merely the instrument by which they hoped to further their mercenary schemes."[5] *Manners and Customs* did indeed introduce a revised version of Philipp Franz Balthasar Siebold (1796-1866)'s work to the American public, but it did so while drawing on Protestant Dutch like Isaac Titsingh who blamed the Catholic religion of Spain and Portugal for being "too zealous for the propagation of Christianity, and the difference of our religion, procured us the liberty of tradition there, to the exclusion of all other nations of Europe."[6] Another work Perry must have read was Thomas Rundall, ed., *Memorials of the Empire of Japan in the XVI and XVII Centuries* (1847) which referred to the "Romish Church" and its missionaries who were "as little calculated to exalt the character of Christianity, as to promote the interests of commerce."[7] Given the rampant anti-Catholicism in mid-nineteenth century America, it is not surprising to find such biases in the books on Japan available in English at the time.

But Perry's connections to anti-Catholicism were neither merely abstract nor coincidental. The virulently anti-Catholic Know Nothing Party had emerged as a powerful force in American politics during the 1840s, and 1852 marked a highpoint for the party in terms of its victories in state and local elections. It was in this context that President Millard Fillmore chose Perry from a crowded pool of applicants for the prestigious appointment to lead the expedition to Japan. Fillmore's connection to the Know Nothing Party is a matter of historical record: when he ran again for the presidency in 1856 he did so as a candidate of the Know Nothing Party but came in third. Whether Perry himself was a member of the Know Nothing Party is not known. But his own attitude toward Catholics is clear from how he treated von Siebold. Von Siebold was at that time the greatest living authority on Japan, having lived there from 1823 to 1829, married Kusumoto Taki and had a daughter Ine with her. Siebold implored Perry to take him on the expedition to Japan. "Perry eagerly availed himself of all Von Siebold's works, but would have none of their author" who wanted to join the Expedition.[8] Perry argued that Siebold would compromise his mission because he had been expelled from Japan; Siebold countered that Perry could do anything he wished under the American flag and with his gunboats. Perry's rationale was plausible, but it cannot be ruled out that his real motivation for refusing to take with him the greatest living authority on Japan was because von Siebold was a Catholic.

After Perry's return, the number of books on Japan published in English, and particularly in the United States, increased rapidly. What did not change was the anti-Catholic bias in them. There are several reasons. First, America remained a virulently anti-Catholic nation. After the Civil War, the anti-Catholicism of the Know Nothing Party was taken up by the Ku Klux Klan which was founded in 1865. But anti-Catholicism was not limited to the extremism of the Ku Klux Klan. Mainstream politicians fulminated against "rum, Romanism, and rebellion" in the presidential election of 1884. And, as Jenkins notes, "in the 1920s, anti-Catholic politics again stimulated a mass movement in the form of the second Ku Klux Klan, which in the northern and western states was at least as concerned with keeping Catholics in their place as with repressing blacks and Jews... And although they despised the Klan's gangsterism and demagoguery, liberal observers often made remarks that conceded much of the movement's basic argument."[9] It should not come as a surprise if many of the books written on Japan during this period—the majority of which were published by liberals in those northern, if not western states —shared in this anti-Catholic bias.

To take one example, Lafcadio Hearn (1850-1904) was perhaps the best known writer on Japan during the early twentieth century. An immigrant to Cincinnati in 1869, Hearn first established his reputation in journalism in that city and then in New Orleans, before finding his way to Japan in 1880. In works like *Glimpses of Unfamiliar Japan* (1894), *Kwaidan: Stories and Studies of Strange Things* (1903) and *Japan: an Attempt at Interpretation* (1904), Hearn captured perfectly the fascination with things Japanese in *fin de siècle* America. Romantic, aesthetic, and above all Orientalist, Hearn portrayed Japan as everything America was not—but in his mind, should have been. Hearn was widely read in America and, even decades after his death, teachers in rural schoolhouses all over America assigned his works to their students.[10] Hearn was also a vehement anti-Christian, but one who particularly reserved his strongest barbs for the Catholic Church in which he had been raised and educated. An obituary noted that Hearn hated Christianity so much that "when in his walks he came upon a church, he would not pass before it, but would turn about and go another way."[11] Not everyone on the burgeoning list of writers on Japan in early twentieth century America was anti-Christian; in fact, many were sons of Protestant missionaries. That certainly does not mean they all retained the faith of their parents; many did not. But they mostly retained a Protestant worldview that disdained Catholicism when they paid any attention to it at all. A good example of this group is William Elliot Griffis (1843-1928), a seminary student in New Jersey before accepting a Japanese government job as an educator in Japan from 1870 to 1874. Upon his return, Griffis finished his divinity studies and became a Congregationalist minister in New England. He published many books on Japan between his 1876 *The Mikado's Empire* and his 1924 *Proverbs of Japan*, including encomiums on Millard Fillmore and Commodore Perry.

One might be forgiven for thinking that Catholics did not write anything on Japan during this period. Protestant missionaries or their grown children dominated the field, and Catholics were unlikely to receive higher educations in those years. Catholic missionaries to Japan were priests who did not have descendants, and they were also disproportionately French and wrote in that language. There were exceptions. James Anthony Walsh was Superior of the Maryknoll missionaries in 1919, and he wrote a fascinating account of his travels in East Asia that year called *Observations in the Orient* (Ossining, New York: Catholic Foreign Mission Society of America, 1919). It contains fifty pages of detailed first-hand observations of life in 1917 Japan, along with rare photographs. Yet, it is safe to say that this information never became widely disseminated outside Catholic circles, and certainly was not incorporated into the budding field of Japanese Studies in America. The same can be said for works like Lady Georgiana Fullerton's *Laurentia: A Tale of Japan* (London: Burns & Oates, 1861, 1872, 1900, 1904, 1924) which, although in the form of historical fiction, uses real names and much historical information about late sixteenth century Japan. Lady Fullerton's work had enormous influence in Europe: it was published in French, German and English multiple times between 1861 and 1924. But for the American audience, Lady Fullerton had two strikes against her: she was English, not American, and she was a Catholic convert. Catholic works like these were simply ignored by the growing field of Japanese Studies in early twentieth century America. In fact, they remain out-of-print and almost completely ignored today.

It is also significant that the institutionalization of Japanese Studies within the American university took place during the 1930s when few Catholics could gain admission to a university (other than a few Catholic colleges), and so it was at Protestant private universities and a very few public universities where the field blossomed. As Edwin Reischauer, one of the founders of American Japanese Studies, recalled in his memoirs, in 1930 "there were few universities in the United States where study of East Asia was possible. Most schools had no more than a few scattered courses. The leading places were probably Columbia, Harvard, and the University of California at Berkeley. Among these, Harvard possessed a special advantage in that it had the Harvard Yenching Institute, which offered fellowships for East Asian studies."[12] Reischauer goes on to note that, in spite of the China connection implicit in the name "Yenching Institute" (founded in 1928), "it is a curious fact that, despite the overwhelming original emphasis of the Institute on China, the four directors the Institute had until 1986 were all basically in the Japan field."[13] Since then, the directors have been sinologists. The Yenching Institute was established with funds from the estate of Charles Martin Hall who was a devout Congregationalist, and in those years Harvard was still strongly connected to its Congregationalist origins, especially through Oberlin College from which Reischauer and his brother Robert had both graduated before they commenced their graduate studies at Harvard. By Reischauer's estimation, in 1932, it was the Quaker Hugh Borton (Ph.D. candidate at Columbia) and Charles Burton Fahs (son of a Methodist minister; Ph. D. candidate at Northwestern) who "together with myself and two or three others were to form the total body of professional Japanese specialists outside of government service until the outbreak of war with Japan in 1941."[14] Reischauer quickly added, however, his own Harvard professor Serge Elisséeff was "probably at that time the leading professional scholar in the Japanese field in the Western world."[15]

In 1936, the oldest American journal that regularly carries articles on Japan, the *Harvard Journal of Asiatic Studies* (HJAS) was founded with financial support from the Yenching Institute. While it does occasionally publish important articles on Japan, it has been described as "still America's leading sinological journal."[16] Perhaps because of a China-bias in the HJAS, another journal for East Asian Studies was founded in September 1941, *The Far Eastern Quarterly* as the in-house journal of a new professional association, the Far Eastern Association (later, the Association for Asian Studies) that was established earlier in June of that year. Japan was still marginalized, with only five of the eighteen members of the editorial board being Japan specialists and only two of them (Hugh Borton and Robert B. Hall) would become leading scholars on Japan. The other three were Meribeth Cameron who taught Japanese history at Milwaukee Downer College, Charles B. Fahs who taught Japanese political science at Pomona and Claremont Colleges, and Harold Quigley who taught political science of Japan and China at the University of Minnesota. Hugh Borton did much to help plant the seeds for Japanese Studies at Columbia University in the 1930s and Robert Hall did the same at the University of Michigan.

The major impact of the Pacific War on Japanese Studies in the US was the return of many soldiers, especially during and after the Occupation, who went to university on the GI Bill, and many of them studied Japanese in the newly established programs for Japanese Studies in the American universities. Of course, they were preceded by a few wartime students of Japanese language who were mainly trained at government language institutes. The GI Bill certainly enabled many people to attend college who never would have otherwise, and the veterans' exposure to Japan during their service led many to study Japan after their return home. For these institutional, historical, demographic and other reasons, Japanese Studies can truly trace its origins to the early postwar years. Changes indicative of this maturation of the field include the reestablishment of the *Far Eastern Quarterly* as *The Journal of Asian Studies* in 1956 with Donald Shively as first editor. Shively was in many ways representative of this pioneering generation of American scholars of Japan. Like Reischauer, he was born in Japan, the son of Protestant missionaries. He had entered Harvard in 1940, was a Japanese language officer in WWII, and returned to complete his bachelor's degree at Harvard in 1946. He taught at Berkeley, then Stanford, moved to Harvard before returning to Berkeley in 1983: in sum, he had taught at many of the nation's leading university programs for Japanese Studies.

In 1957 Edwin McClellan's English translation of Natsume Soseki's *Kokoro* opened up the academic field of Japanese literature. McClellan was not a professor of Japanese or East Asian studies, but a graduate student in the Committee on Social Thought at the University of Chicago. After receiving his doctorate, he taught English at Chicago until 1959 when he created that university's program in Japanese Studies. In 1965, he was the founding chair of the Department of Far Eastern Languages and Civilizations before leaving for Yale in 1972. (McClellan was not Catholic; he was, in the words of his friend and former mentor Russell Kirk who later converted to Catholicism, "half Ulsterman and half Japanese.")[17] In any event, McClellan's translation of Soseki was so well-done that it is no exaggeration to say that it drew the attention of American literature professors to the importance of Japanese literature and subsequently contributed substantially to the growth of Japanese literary studies. Of course, the field was helped by Columbia University professor Donald Keene's publication of two introductions to Japanese literature in 1955 and 1956, Shively's own work, and Edward Seidensticker's various translations of Tanizaki Jun'ichirō and Kawabata Yasunari between 1955 and 1958. Seidensticker was raised Catholic, but there is no evidence of Catholic faith in his writings. He in fact was indicative of those few Catholics who found their way into Japanese Studies during this period and who, almost to a man, discarded their Catholic faith for either Buddhism or no faith.

A major yet poorly understood factor of the anti-Catholicism of Asian Studies during its take-off period of the 1950s was the McCarthyism of the day. The literature on Asian Studies is replete with references to McCarthyism as a reign of terror on Asian Studies scholars who were alleged to have communist sympathies (of which they were invariably innocent). The posterboy for Japanese Studies is E.H. Norman, Japanese historian and son of Protestant missionaries whose signature work, *Japan's Emergence as a Modern State* (Institute of Pacific Relations, 1940), drew on the studies of Marxist Japanese historians like Tsuchiya Takao and Hirano Yoshitarō, and well as left-liberal scholars. When Karl Wittfogel accused Norman of having been a Communist in a 1951 Senate investigation of the Institute of Pacific Relations, Norman's name was dragged into McCarthyism. Shortly after the Senate subcommittee renewed those accusations in 1957, Norman committed suicide. Norman's defenders in Japanese Studies in later decades were almost exclusively left-liberal Protestants and even Marxists. Given what Jenkins has called "the nakedly Catholic component of the anti-Red crusade" and the fact that "Mc Carthyism raised fears that Red smears were being used not just against leftists and liberals, but against virtually anyone who challenged the Catholic political worldview,"[18] it is not clear what the real motivations of Norman's defenders were. This is even more the case when one considers the shift in public, and especially academic, attitudes against Catholicism after the 1960s, when Norman was restored to pride of place in American Japanese Studies by John Dower's *Origins of the Modern Japanese State* (1975).

Indeed, to understand American Japanese Studies today, one must begin with Jenkins's assessment of the broad changes in attitudes toward Catholicism since the 1960s. During the short honeymoon period during and immediately after John F. Kennedy's presidency, Catholicism in America briefly gained something of mainstream legitimacy. Yet, that honeymoon ended with the resurgent anti-Catholicism of the new liberalism that emerged during 1968-1980, a liberalism premised not so much on economic inequality as on positions regarding gender and sexual identity that ran directly counter to Catholic teachings.[19] Most importantly, these were the very years when the field of academic Japanese Studies grew exponentially. As Ruud Janssens notes, "by 1970 there were 139 institutions offering courses in Japanese Studies. By 1975 this number had risen to 196."[20] In 1974, *The Journal of Japanese Studies* was established at the University of Washington in Seattle and the following year Dower republished Norman's work with his own hundred page long introduction and *apologia* for Norman. The subsequent growth in the field of Japanese Studies was even more impressive: Janssens records that in 1989, "296 institutions offered courses in Japanese studies, in 1995 there were 440 institutions, while the number declined to 348 in 2005. The number of Japan specialists hired by colleges and universities rose from 416 in 1970 to 781 in 1984, 1451 in 1995 and 1607 in 2005. ...Enrollment in language courses at undergraduate and graduate levels rose by 45% between 1970 and 1975 (from 6612 to 9588), and by another 20% to 11,506 in 1983. In 1995, 32,347 students enrolled in language courses, but by 2005 only 17,106 students did."[21] Even with the modest decline in 2005-2007 (from which there currently seems a rebound), at its lowest point in the mid 2000s, Japanese Studies in America was still much stronger by all these indices than even during its heyday in 1989. Yet, the University of Notre Dame and Georgetown University, America's premier Catholic universities, still do not offer the Ph.D. in Japanese Studies. The great expansion of Japanese Studies was almost entirely located outside Catholic intellectual life.

And yet what the field has gained in institutional strength, it has lost in integrity and accessibility. In 1995, Homma Nagayo noticed that Japanese Studies in the United States had "splintered into many specialized areas."[22] I have noticed something similar more recently that I call the "*shumi*-fication" 趣味化 of academic Japanese Studies.[23] Although Janssens concluded that this splintering has "made it less likely that an Orientalist discourse would dominate the field,"[24] I think the opposite is the case. If we understand Orientalism not merely as the process of seeing the East as inferior to the West, but as objectifying cultures like Japan's in order to indulge the pleasures of the Western aesthete, then I think one can say that the fracturing of the field has actually increased possibilities for the Orientalism that Edward Said decried in his classic study by that name. Consider two points Said made about Orientalism: (1) "almost without exception, every contemporary work of Orientalist scholarship... has a great deal to say about the family, its male-dominated structure, its all-pervasive influence in the society"; and (2) "the Orient was a place where one could look for sexual experience unobtainable in Europe... what they looked for often... was a different type of sexuality, perhaps more libertine and less guilt-ridden; [but] in time, 'Oriental sex' was as standard a commodity as any other available in the mass culture, with the result that readers and writers could have it if they wished without necessarily going to the Orient."[25]

On that last point, I cannot but think of the extraordinary interest in Japanese popular culture, things like *anime* and *manga*. These forms of popular culture remind us that a great deal of Japanese culture is being consumed outside of the academy, that in fact, the "pathology of the university" (*daigaku no byōri*) has affected American Japanese Studies at least as much as it has Japan itself.[26] Patricia Steinhoff has also identified a process of "normalization" of Japanese Studies in the United States that reflects "the much broader public audience for information about Japan in the 1990s, and the enormous popular literature on Japan that feeds the public demand, much of which is no longer being written by academic Japan specialists."[27] So, for a field that was begun by Catholic missionaries working outside the university and which has increasingly been entrenched in the university (until recently), there is some evidence that Japanese Studies is freeing itself from the confines of the institutional structures of knowledge. Whether that will also liberate it from its historical anti-Catholicism is dubious, as is the likelihood that it will find an antidote to the other pathologies that often accompany the consumption of Japan and its culture in America today.

1 Schlesinger to John Tracy Ellis, cited in John Tracy Ellis, "American Catholics and the Intellectual Life," *Thought* 30 (Autumn 1955), p. 2; http://www.bc.edu/content/dam/files/offices/mission/pdf1/cu25.pdf. Accessed December 28, 2017.
2 *Books in the Brooklyn Public Library on the Far East* (Brooklyn: Brooklyn Public Library, 1904), pp. 3-5; http://hdl.handle.net/2027/uiuo.ark:/13960/t5p90h62b. Accessed December 28, 2017.
3 William Elliot Griffis, *Matthew Calbraith Perry: A Typical American Naval Officer*, (Boston: Cupples and Hurd, 1887) pp. 294-295.
4 Samuel Eliot Morrison, *Old Bruin: Commodore Matthew C. Perry, 1794-1858* (Boston: Little and Brown, 1967), p. 276.
5 Vasilii Mikhailovich Golownin, *Japan and the Japanese, volume 2* (London: Colburn and Co., 1852), p. 95.
6 Isaac Titsingh, *Illustrations of Japan* (London: Ackermann, 1822), p. 179
7 Thomas Rundall, ed., *Memorials of the Empire of Japan in the XVI and XVII Centures* (London: Hakluyt Society, 1847), p. ix.
8 Edward Morley Barrows, *The Great Commodore: The Exploits of Matthew Calbraith Perry,* (Indianapolis: The Bobbs-Merrill Company, 1935), p.224
9 Philip Jenkins, *The New Anti-Catholicism: The Last Acceptable Prejudice* (Oxford, U.K.: Oxford University Press, 2003). pp. 31-32.
10 Personal communication from Samuel S. Doak (b. 1935) that he had read Hearn in his one-room schoolhouse in Simms Township, IL.

11 Obituary in *The Sun Trade Journal* (Tokyo), June 1, 1905; cited in Kevin M Doak, "Hiroshima Rages, Nagasaki Prays," in Roy Starrs, ed., *When the Tsunami Came to Shore: Culture and Disaster in Japan* (Leiden & Boston: Global Oriental, 2014), p. 252.

12 Edwin O. Reischauer, *My Life Between Japan and America* (New York: Harper & Row, 1986), p. 38.

13 Reischauer, *My Life Between Japan and America*, p. 39.

14 Reischauer, *My Life Between Japan and America*, p. 42.

15 Reischauer, *My Life Between Japan and America*, p. 42.

16 Harriet Zurndorfer, *China Bibliography: A Research Guide to Reference Works About China Past and Present* (Leiden, E.J. Brill, 1995); cited at https://en.wikipedia.org/wiki/Harvard_Journal_of_Asiatic_Studies

17 Hirotsugu Aida, "The Soseki Connection: Edwin McClellan, Friedrich Hayek, and Jun Eto," http://global.tokyofoundation.org/en/opinion/article/o08111201/view. Accessed December 22, 2017.

18 Jenkins, *The New Anti-Catholicism*, p. 40.

19 Jenkins, *The New Anti-Catholicism*, pp. 47-48.

20 Ruud Janssens, "Chapter 5: Because of Our Commercial Intercourse and... Bringing about a Better Understanding between Two Peoples: A History of Japanese Studies in the United States," in Michael Kemper and Artemy M. Kalinovsky, eds., *Reassessing Orientalism: Interlocking Orientologies during the Cold War* (Routledge, 2015), p. 143.

21 Janssens, "Chapter 5: Because of Our Commercial Intercourse," p. 143.

22 Nagayo Homma, in *Japan Foundation Newsletter*, vol. XXIII, no. 1 (1995), p. 8; cited in Janssens, p. 144.

23 Kevin M Doak,「趣味化の超克:日本研究のグローバルな理論化に向けて」*Nichibunken Newsletter* no. 92 (2015), pp. 9-11.

24 Janssens, "Chapter 5: Because of Our Commercial Intercourse," p. 144.

25 Edward Said, *Orientalism* (New York: Vintage Books, 1979), p. 311, p. 190.

26 See 竹内洋著、『大学という病』(東京:中央公論新書、2001)。

27 Patricia G. Steinhoff, "Japanese Studies in the United States: the 1990s and Beyond," in Center for Japanese Studies, ed., *Japan in the World, the World in Japan: Fifty Years of Japanese Studies at Michigan* (Ann Arbor, MI: The University of Michigan, 2001), p. 223.

世界に開かれた台湾の日本研究

徐　興　慶

一、現状と課題

　台湾と日本は、1972年の国交断絶後も、経済・文化・教育の各分野における実質的なつながりは途絶えることなく、今日に至るまで密接な交流を続けてきた。それを反映して、1960年代に台湾の各大学で始まった日本語教育は、順調に発展してきた。現在では、日本語文学科や応用日本語学科をもつ大学は約40校にのぼっている。また日本研究センター設置に踏み切った大学も、2016年現在で11校を数える。しかし、こうした日本語教育のめざましい発展の割には、「知日人材の育成」という点では、依然として理想にはほど遠い現状がある。こうしたなか、諸大学の日本研究センターは今後どのようにして発展していくべきか。また台湾における日本研究者は、自らの研究を通じていかに社会に貢献できるのか、それがいま問われている。

　日本研究を遂行する立場から、現代の台湾が直面する諸課題を明確に把握し対処すべき問題点を認識して、日本の文化的深層やその民族・国家への理解を深め、あらゆる領域での日本研究を深化させなければならない。そのためには、たんに個別的、個人的研究に自閉するのではなく、台湾で蓄積された優れた研究成果とその人材をより有機的に結集し統合していく必要がある。加えて、国内の産・官・学界との連携の下、明確な目標を定め、日本研究に関わる次世代の優秀な人材を育てることが求められる。こうした研究と教育の活動を通じて、台日双方がより深く広い分野で相互理解を深め、より緊密に連携していく方向を自覚すべきである。これらの活動は、研究・教育に従事する私たちが取り組むべき方向である。今や一刻の猶予も許されない。

1．台湾における日本研究の重要性

　今日の世界は、グローバル化、リージョナル化、グローカル化へと急速に変容している。そうした歴史的転換期において、台湾における日本研究人材育成に関しては、なお多くの困難な問題がある。たとえば台湾政府（科技部、科学技術を所管する省庁）は、「日本研究」を学問分野としてまだ認知していない。いま台湾も含めて領域横断的研究分野が推進されているが、アジア近代史の縮図とされる台湾は、そうした研究のなかで重要な位置を占め、注目度は増している。こうした趨勢のもと、台湾から発信する日本研究の重要性は、さらに重みを加えずにはいられない。私たちは、日本語教育を豊かに蓄積してきた先人の成果を土台に、台湾から発信する日本研究の発展と、台湾的文脈に立脚した人材育成の教育に正面から取り組まなければならない。

2．知日人材の必要性

　思えば日本は台湾と地政学的には多くの共通点をもつ。いずれもアジア大陸の東に弧状に連なる島国であり、地震多発地帯でもある。災害救助、医療、少子高齢化、環境汚染といった社会問題も共有できる。また航路や漁業に関わる資源も共通の利害を有しており、あらゆる問題で交渉を必要とし、そのための人材が欠かせない。日本を深いレベルで十分に理解する優れた人材の輩出が、官民問わず求められている。それは、迂遠に見えて実は喫緊の現実的課題であり、私たち日本研究者が自覚的に認識すべき責任である。台日関係の発展を、研究と教育を通して支えていくこと、それが私たちに期待されているといえる。

3．世界に開かれた台湾の日本研究

　台湾における日本研究は、本来「地域研究」（Area Studies）の一端を構成する。換言すれば台湾における日本研究は、東アジア国際社会研究の重要な環を構成している。それはもとより「日本一国」研究に完結するものではな

い。東アジア地域内の諸研究と連携し、担うべき相互補完的役割を意識して、台湾だからこそ可能な日本研究の発信が可能となり、世界に開かれた日本研究を目指す必要がある。私たちはそれを通して、日本も含めた世界の日本研究に独自の役割と位置を占めることが可能となる。

二、台湾における国際日本学研究への提言と構想

2010年10月に台湾大学で開かれた「国際日本学研究の基層―台日相互理解の思索と実践に向けて―」フォーラムにおいて、元日本文化庁長官の青木保教授から「異文化の視点―国際日本研究の可能性―」と題し、相互理解の視野から台湾の日本研究者は日本へ足を運び、つぶさに日本の現状を見聞してから日本のことを書いた方が良いと提案する。一方、台湾に関心を持つ日本の研究者は、現代台湾の現実性そのものについて、詳細に見てまとめる研究、調査は見当たらない、日本と台湾の関係では、相互に深い関心がありながら必ずしも深い相互理解の関係が構築されていないなどと指摘する。そのため、日本の研究者が日本の文学、社会、政治、歴史などの領域にわたって研究すると同時に日本の全体像というものを台湾からの視点で捉えることが重要であることを喚起している。つまり、異文化の相互理解、他者への客観性を重んじることの大切さが強調されているのである。

次に、国際的な日本研究を評価するには、青木氏は（1）異文化としての日本、（2）アイデアタイプ（Ideal type）という学問的、理念的に分析枠組みの検証として研究する方法、（3）普遍的なテーマについての研究、（4）地域研究における外部の目の重要性など四つのポイントをアプローチしている。台湾の日本研究者にとって、日本を理解するのに異文化としての日本をどう捉えるか、知らない日本の社会、文化、歴史、思想、宗教などの分野をどう捉えるか、「内部の目」と「外部の目」とを照らし合わせながら「発見」を思索すべき問題があるという。他方、台湾、台湾人、台湾文化とは何かというような捉え方で台湾を考察した日本側の研究は、あまり進展されない現状に対し、互いに全体論的、ホリスティック（Holistic）な研究が必要と提案し

ている。[1]

三、日本学研究への新視角 ── なにをもって台湾の特色とするか

　2012年に国立台湾大学人文社会高等研究院「日本・韓国研究平台（プラットホーム）」の開設を機に、台湾における唯一の日本語による学術研究叢書『日本学研究叢書』が発刊された。その後、企画編集の責任を、2013年11月発足の国立台湾大学日本研究センターが担うことで、今日に至る。戦後、国立台湾大学が旧台北帝国大学から受け継いだ日本研究に関する文献は膨大であり、また貴重なものである。そうした遺産のもと、台湾における日本研究は長い歴史と伝統をもっている。しかし、東アジアの全体を見渡すとき、日本、中国、韓国などの国々の日本研究は、それぞれに特色のある内容を展開しているなか、台湾における日本研究は、その長い歴史と一定の実績の割には、日本語と文学研究に重心があり、現代の諸課題を視野に入れた社会科学分野と切り結んだ研究と対話は十分ではない。むしろ欠けているといえるだろう。本叢書は、グローバル化が進むこの21世紀に、日本研究における台湾のもつ大きな潜在力を自覚し、その喚起を目指して、以下の四つの目標の遂行に努めている。

(1) 人文学だけではなく、社会科学分野における台湾の日本学研究を強化し、両者の対話と融合をめざすこと。
(2) 台湾における「日本研究」の新たな学習環境を積極的に切り拓き、学際的にして国際的な方向に視野を広げていく若手研究者の養成を期すこと。
(3) 台日両国の関連研究機関および東アジアの諸研究機関との連携を促進し、日本研究を国際的に展開する「国際日本学」の構築を目指すこと。
(4) 世界における日本研究の成果を生かした「国際日本学」のもと、台湾固有の文脈を意識した台湾的特色のある国際的日本研究の発展を推進すること。

2016年現在、計22巻の叢書が刊行されている。紙幅の関係で、すべて紹介することはできないが、「開かれた台湾の日本研究」という試論から述べてみたい。

四、近代東アジアのアポリアを問い返す
(1)「知の集約拠点」の機能を果たす

東アジアの近代や近代化の意味とは何か、日本、韓国、中国は、どんな相互関係を持ち、どう異なった近代化を目指してきたのか、という問いを立て、今までの東アジア研究、あるいは東アジアの近代化論を取り扱う著書と比べると、仕上げの難易度は格別に高いと考えられるが、問題の根源を「近代」という時間軸や「東アジア」という空間軸を設定しているのは、筆者編纂の『近代東アジアのアポリア』（台大出版中心、2014）がある。[2] ある一国内の研究者だけでは捉えきれない問題や、およそ自国内での研究ではテーマとして想定されることさえない問題、そして国立台湾大学が「知の集約拠点」として機能していることが提示されている。台湾・日本・中国・韓国に研究拠点をもつ12名の筆者が、東アジアにおいて自らが最も切実で重要な課題として認識するテーマについて分析した論考を集め、公刊したものである。

山室信一氏の序論「アポリアを問い返す力」によると、アポリア（aporia）とは、ギリシア語で「道のないこと」「行き詰まり」「困惑」などを意味する。そして、アリストテレスの哲学においては、ある問題について論理的に同じように成り立つ相対立する見解に直面することを指して用いられたものである。そして、現在、日本では一般に、問題が解決困難な困惑した状態、あるいは解決の糸口を見いだすことのできない難問そのものという意味で使われている。日常的な用語で書けば、「途方に暮れた状態、難題」ということになろう。

これに関して、現在の東アジアに即して言えば、そこには領土問題や歴史認識問題など双方に自らの議論に正当性根拠があるとして主張され、しかし、

それ故に相反する議論が等しく成立しているように見える状態すなわちアポリアが眼前に立ち現れ、まさに行きづまった状態にあることが指摘される。そうした問題群をめぐって、山室信一氏は「国民国家と国民帝国への眼差し―東アジア人文・社会科学研究の課題と方法―」と題し、近代の台湾・日本・中国・韓国を対象とする研究において何が共通の課題となり、共有すべき概念となるのかについて、国民国家と国民帝国への眼差しをとおして、これまで時間軸を中心に構成されてきた人文・社会科学を空間軸をも組み込んだ空間学としての再編成を目指す。それはまたナショナルな民族と空間を対象としてきた人文・社会科学をグローバル・リージョナル・ナショナル・ローカルという四つの空間層への新しい学問的な関心を呼びかけるところに、方法論的な指南をなしている。3

　また、東郷和彦「日本と朝鮮半島との関係」、李鍾元「韓国の地域外交と「東アジア」」、木村幹「日本における韓国／朝鮮研究とその課題」諸氏の論考は、こうした一触即発の危険性ゆえに解決を迫られているアクチャアリティをもった問題に関して、外交史と外国研究のあり方におけるアポリアを問い返すという視点から果敢に、かつ精密な考察を重ねることによって解決への道筋を示そうという試みである。

(2) 東アジアにとって、近代とは何か
　「『近代』とは何か」、あるいは「『東アジア』とは何か」、さらには「『東アジアにとっての近代』とは何か」、そして、今なお、それは「何であり続けているのか」という問いかけにならざるをえないはずである。こうした「アポリアそのものの問い返し」という志向性をもった論考として、劉建輝「近代東アジアの濫觴―広州十三行の歴史的意味―」、馬場公彦「日本人のなかの中国革命伝統―その再生と消失―」、劉岳兵「1872年の「マリア・ルス号事件」と近代日中関係」、稲賀繁美「交易の海賊史観にむけて：美術品交易を中心にして」、宋錫源「韓国における「伝統」文化と政治的動学」、金錫根「19世紀末東アジア世界と社会進化論―韓國における受容と機能を中心に」、緒形康「近

代化と「アジアの想像」」諸氏の緻密な論考が収められている。いずれも東アジアの近代について国民国家を超える視線で見つめなおし、先駆的で学問的な意味をもつと評価される。筆者も編者として思想交流史や文化交渉史などの問題意識を取り上げ、徳富蘇峰の思想転向を通じて明治日本のアポリアに迫り、明治知識人の複雑性と明治思想の多重性を再認識と再評価を述べている。とりわけ、自由主義や平民的欧化主義から出発した徳富蘇峰が、やがて国権主義的な方向へと転向し、台湾領有論や南方経営論を説くに至る経緯を批判的に考察した。今、日本、中国、韓国、台湾で、各自に近代の意味への問い直しの作業が進められる中、さらに、東アジアの近代という共通の土台の構築を目指し、世界の中の東アジアの近代への再評価、再認識を問題提起している。

五、「東アジア共同体」を、どう考えるのか

　日韓台の世代を超える研究者が政治学、歴史学などの視点から、EUと東アジア、日本研究の比較を通じて地域統合の可能性を探りながら、展望を加えて、議論したものに、台湾の東海大学主催の「東アジア共同体を、どう考えるのか」というフォーラムがある。「日本学研究叢書7」としてまとめられた本[4]には、木村雅昭「EUと東アジア共同体」、島田幸典「「国制」としてのヨーロッパ―主権国家の後に来るもの―」、張啓雄「「東アジア共同体」の伝統的な地域統合概念の発見―東洋の歴史経験と文化価値の分析―」、滝田豪「日本知識人の外交論と「東アジア共同体」」、東郷和彦「東アジア共同体の構築―背景としての日中関係―」、何思慎「東シナ海争議下の日中関係」、三宅康之「日本から見た中国台頭の社会的経済的意義」、宋錫源「朝鮮半島から見たグローバル・パワーとしての中国」、陳永峰「「海洋中華世界台湾」と「海洋国家日本」の交錯―「世界単位」としての東アジア―」など九本の論考がある。

　諸論考では、日本、韓国と台湾というミクロな視野に加え、アジアにおける日中台関係の視点から、東アジアの地域統合の可能性と方向性とを論ずる。論者は台湾、韓国、日本にまたがり、共通した焦点は、激動するアジア、さ

らには世界にあって、紛争を防止し、平和を確保せんとする各執筆者の熱い思いである。文明の交流を阻むものは砂漠でもなければ海洋でもなく、人間であると断じたのは、モンゴル史の権威、故岩村忍京都大学教授である。この格言は、経済的な相互交流が日増しに盛んになる昨今、ますます重みを増しているように思われる。人間相互間の理解を欠くとき、経済交流には逆に対立を醸成する契機が秘められていることは、これまた歴史の示すところである。この意味で上記の諸論考を一冊の叢書としてまとめ、読者が、改めて現代世界に対する関心を呼び覚まされ、相互に議論を深められていく上で一助にしようとするものである。[5]

六、思想史から東アジアを考える

これまで国立台湾大学日本研究センターが主催してきたフォーラムにおいて、思想史や文化史のアプローチから、日本の「うち」と「そと」、およびその関係性や接点をとらえようと試みた論説がある。これらの議論した研究エリアは、当然日本だけでなく、日本とその外部世界との境界や接点、さらに日本を含みこむ東アジア等にも広がっている。『思想史から東アジアを考える』(2016)には、比較や交流・交渉の場面に視点をすえた論文も積極的に収録している。時代も近世と近代に及んでおり、一定していない。しかし思想や文化は、多様に関わりつつ各地域の文脈と状況の中で展開している。そのことを意識して、多様な観点と問題意識を重視した論文集となっている。[6]

まず、伊東貴之「東アジアの「近世」から中国の「近代」へ―比較史と文化交流史／交渉史の視点による一考察―」、中村春作「近世東アジアの〈教諭〉思想と日本社会」、銭国紅「東アジアにおける新文化の形成と伝統―日本の近代化を例にして―」、竹村英二「江戸時代における漢学学問方法の発展―十八世紀を端緒とする書誌学・目録学、そして原典批判の伝統―」などの論文は、中国思想史の時代区分論、日本儒学思想史を論じ、いずれも日本という圏域を越えた東アジアの歴史空間、儒教思想の視点を置き、一国思想史を越えた先鋭的に比較考察を行っている。

韓国からは李光来「東アジアの近代的知形における東西融合の類型再考」、李基原「丁若鏞と荻生徂徠における「寬容」の技術―朝・日儒者の近代性への視座―」、朴薫「十九世紀前半日本における「議論政治」の形成とその意味―東アジア政治史の視点から―」などの論文が収録されている。取り上げた焦点は、東アジアにおける中国・日本・韓国諸地域の東西融合、そして近代に向って、荻生徂徠と丁若鏞の両者の思想の共通性の問題および幕末維新期の政治史的分析から成る。

一方、緒方康の「普遍的近代」と帝国主義化した「西欧近代」とを腑分けしながら、戦前のアジア主義から、アジア的生産様式論、戦後の多くのアジア論などが、「現実のアジア」を隠蔽する「アジア想像」に過ぎなかった所以を考察する、原理的・哲学的な営為として、注目に値する。また、アニック堀内氏の「近世日本思想史における翻訳の役割」は、フランスから日本近世思想や学問に独自のまなざしを向けてこられた。これまでの日本の思想史に、「翻訳」を正面から対象にした研究が欠落していることを指摘し、思想史・学問史研究における翻訳研究の重要性を主張し、蘭学を例として説明している。

これらの論文は日本の「外」から「日本」という地域を対象に研究し「日本」を問題にしているので、日本国内で日本を研究する立場とはおのずからスタンスが異なってくるだろう。言ってみれば、日本国内で日本研究を行っている日本人研究者にとって、「日本とは何か」という問い方とは異なるものであって、日本にとっての「他者」を意識する必要のない世界に生きてきたといってもよいだろう。[7]

七、台湾の植民地研究における発展と諸相

歴史という角度から台日関係の変遷を考えるとき、植民・被植民という台湾人にとっての苦難の時代、日本人にとっての後ろめたい過去がまず頭に浮かぶ。近年、愛おしさと憎しみとが交差する台湾人の深層意識の中で、日本文化や社会への認識に大きな変化が生まれ、「台湾人は50年も日本に統治さ

れたのに今なぜ親日なのか」という中国人・韓国人には理解し難い現象が生じている。日台関係はその時代変化から植民地期（1895-1945）、国交締結期（1952-1972）、断交後（1972-現在）の3つに分けられる。この時期区分においては、「異化」と「同化」の観点から、台湾の知識人がそれぞれ異なる時代の潮流の中で認識した「日本文化論」を区分けて理解することができる。台日双方の学術界とってこの植民統治時代の異文化が織りなすものの解読や研究は、今も雨後の筍のように、その質と量が絶え間なく続出している。

(1) 植民地教育制度の「考察対象化」のうねり

　最近、山本和行氏は日本統治期の台湾における近代的教育制度の形成過程に焦点を当て、日本が台湾を植民化した1890年代の教育制度めぐる「自由と平等」、「国家と地域」の関係性の論著が、「日本学研究叢書」に収録された。山本氏は台湾の教育制度に「植民地性」が付与されるプロセスを具体的、実証的に明らかにしており、台湾における近代的教育制度のはじまりに対する新たな視点を切り開く可能性を論じている。[8]

　次に、林琪禎氏は、これまで近代日本教育史研究で一つの主題として取り上げられてこなかった初等教育国民学校制度を論じる。国民学校制度の最大の特徴は日本内地だけではなく、植民地台湾と朝鮮で同時に確立した点にあり、そこには大きな意味合いが含まれる。とりわけ、林氏はカール・ファン・クラウビィッツ（Carl Philipp Gottlieb von Clausewitz）（1782-1831）の『戦争論』（Vom Krieg）及びドイツの将軍エーリッヒ・ルーデンドルフ（1864-1937）が1935年に刊行した『国家総力戦』（De Totale Krieg）による (1)「武力戦の性格変化」、(2)「経済・工業動員の比重の増大」、(3)「思想・精神の動員の必要性」の三つの要素が絡み合い、植民地近代化論の角度から国民学校制度を戦前日本教育制度の性格と植民地の教育政策、義務教育制度の関連性などの問題解明に当っている。[9] 筆者も帝国日本の越境統治における歴史や思想政策の変遷について、「同化」と「皇民化」の角度から、日本語教育を例に、台湾と被植民地朝鮮及び満州国との異同を分析している。[10] 他にも「近代日

本「台湾領有論」の系譜」から過去及び現在の日台の相互作用関係[11]を分析したり、個々の人物から台日相互理解の歴史的脈略[12]について検討したりした。

(2) 植民地統治と言語文化の錯綜関係―訳者と翻訳の研究

　植民地統治は台湾のみの歴史的記憶ではなく、アジアにおいては各国共通の歴史の軌跡と記憶とさえ言えるものである。数十年経過した現在でも、依然としてアジア各国の言語文化や政治経済の面において、植民地の痕跡は一貫して民衆の物質的及び精神的生活の脈絡の中に残存している。しかしながら多くの国々は過去の歴史的な資料を軽視したりタブー視したりしがちであり、ともに植民地統治を受けたアジアの隣国を見渡してみても、被植民地経験に対する深い研究は未だに見られない。

　一方、アジアにおいて過去に植民地を最も広く有した日本もまた、同様にその歴史研究（日本史学であれ東洋史であれ）において、アジアでの日本の植民地支配の歴史を正視していない。本書は七名の台日若手研究者が上記の視点に基づき、訳者の内在的視点と外在的活動を通して、植民地時期において統治者と被統治者を介在した証人としての訳者の言述に対して、考察と分析をしている。[13]

(3) 台湾法における日本的要素

　戴炎輝『台灣省通志稿政事志司法篇』(1955) の冒頭には「中国では清末に法制改革が始まったが、当時の台湾は既に日本の統治により改められていた。日本の法制改革は中国よりも 30 年早く、日本は「台湾占領後、台湾においては悉く新制に拠る」としたのである」と述べていた。[14] 日本は 1895 年より台湾を 50 年にわたり統治し、在台漢人に対し再び中国法を適用することはなかったが、漢人の有する一定の法律は、台湾を統治する日本政府の法政策に相当程度影響を与えたのである。ゆえに、元来は外来のものであった清代の中国法は、もう一つの外来的要素である日本植民地支配の出現によっ

て、追いやられまた台湾の日本統治期の発展につれて在地化したのである。[15]

19世紀の後半に、日本は固有の文化の外に、すでに以前の中原（中華）文明を中心とした東アジア文明の影響を受けた頃とは異なり、積極的に西洋の近代欧米文明を取り入れていた。1874年に日本は西洋由来の国際法に基づいて、中国の清朝政府が台湾の「後山」地区を未だ管轄下においていないことを理由に、台湾本島南端の原住民部落に出兵した「牡丹社事件」を起こした。さらに日本の台湾に対するより大きな衝撃は、日本が西洋から学んだ近代法制を携えて、19世紀の末より開始した、50年の長きにわたる台湾、澎湖島の統治である。[16]

このような台日の法政策を背景、王泰升氏の『台湾法における日本的要素』は、次を論じる。すなわち時間を縦軸、地域を横軸に、地理空間を以って歴史を定義する[17]方法に基づき、地域の軸に関しては現在の台湾地域（「台澎金馬」とも称する）を中心とし、(1) 外来たる中国法の在地化：台湾法における中国的要素、(2) 外来たる日本法の在地化：台湾法における日本的要素、(3) 外来たる欧米法の在地化：台湾法における西洋的要素など、各段階の歴史的時間を溯り、台湾地域及びそれに近接する現在の中国（中華人民共和国）、日本、西洋などに存在する各種の法律現象を検討し、各々の重要な歴史的段階ないし時点を経て、「現在」に至る状況を検討する。本書は、(1) 多源かつ多元的な台湾法、(2) 台湾の法文化中の日本の要素、(3) 日本統治時代の台湾における近代司法との接触および継承、(4) 日治法院檔案の整理と研究、(5) 台北帝国大学と植民地近代性の法学、(6) 日本支配期における台湾人の法意識の転換―台湾法と日本法との融合―、(7) 台湾の法律継受と東アジアの法律発展などの諸問題を視野に入れ、台湾における法の継受の経験から、東アジア国家が西洋法を採用する際にあるべき立場と態度を論じ、さらには東アジア各国の法律の相互関係を取り上げている。[18]

(4)「台湾事件」(1874) の表象―明治日本における台湾像の形成―

1874年の「台湾事件」は、日本政府にとって、琉球の帰属問題、植民地

の獲得及び経営、近代化に邁進する文明国としての自己認識など、きわめて広範な問題に及んだ事件であった。しかし一般の日本人は、この事件をきっかけに台湾の存在を知るようになった。一方、「台湾事件」に関する新聞の報道は、当初、政府による情報統制のため、十分なものとは言えなかった。そうしたなか、海外の新聞記事の翻訳や日本最初の従軍記者岸田吟香の『東京日日新聞』での連載記事を通じて、徐々に事件がより詳しく報道されるようになり、日本人の台湾像に多大な影響を及ぼしていった。当時発達を始めた新聞に掲載された台湾に関する多様な言説を、外字新聞の翻訳記事、吟香の台湾での体験など広範な角度から分析することで、日本における台湾像の形成を跡付けたものである。

　これまで「台湾事件」について、おびただしい文書、文献、記録によって様々な角度から議論されてきた。本書は、これらの先行研究を踏まえながら、(1) 台湾事件の経緯について―琉球人の遭難から日清の交渉締約まで、(2) 新聞メディアにおける台湾像の形成、(3) 従軍記者岸田吟香の描いた台湾などの三部から構成される。政治や国際関係の観点から分析するのではなく、日本における台湾認識の形成という問題に焦点をあて、日本政府はどのように事件を対処し、またどのように台湾を捉えたのかに分析の重点を置き、事件を通して形成された政府の台湾像を解明する。とりわけ、当時の新聞メディアを取り上げ、台湾に関する言論を幅広く分析し、日本人が抱くに至った台湾像の原点を辿ることにしている。[19]

八、「日台アジア未来フォーラム」における知的交流

　「日台アジア未来フォーラム」は、日台の知的交流と日本研究を促進することを目的として渥美国際交流財団関口グローバル研究会（SGRA）の主催、国立台湾大学日本研究センター、日本語学科共催のもと開催され、2016年5月現在、6回目を迎えた。第一回「国際日本学研究の最前線に向けて」は、台湾に見られる「哈日族」の現象に注目しつつ、日本の流行文化を取り上げた。第二回は「東アジアにおける企業法制の継受及びグローバル化の影響」

をテーマとして、法学の問題について議論を深めた。第三回「近代日本政治思想の展開と東アジアのナショナリズム」は、政治思想とナショナリズムとの関係について議論した。このように、日本、台湾さらにはアジアの未来に向けて、アジア各国の相互受容や影響関係に焦点を当て、文化、文学、言語、法学、政治思想などの議題について議論した。第四回フォーラムは、「トランスナショナルな文化の伝播・交流—思想、文学、言語—」をテーマとする。第五、六回フォーラムは、それぞれ「日本研究から見た日台交流120年」と「東亜知識的交流—越境、記憶、共存—」をテーマにした。メディアの発達によって、東アジアにおける文化の国境が消えつつある実態に着目し、異文化がどのように媒体を通じて、どのように同化し、もしくは異化するか、またそれによってどのような新しい文化が形成されるかを焦点にした。

(1) 国際日本学研究の最前線に向けて—流行・ことば・物語の力—

21世紀の初頭、ダグラス・マグレイ（Douglas McGray）氏によって提唱された「GNC」が火種となり、「クールジャパンブーム」が起こり、日本の映画、アニメ、ファッション文化が「ソフトパワー」として世界から注目されるようになり、それにかかわる研究動向も注目されている。第一回「日台アジア未来フォーラム」で討論の焦点は、現代日本のソフトパワーに焦点を当てながら、日本学の研究対象とした理論的・実践的研究事例を提示し、「流行・トレンドの力」、「ことばの力」、「物語・ストーリーの力」をキーワードに、日本のポップカルチャーの受容問題、言語学習、物語研究に関する議題を取り上げ、台湾の学者のほかに日、中、韓の関係者を集め、その課題と可能性を探る。各論が台湾だけでなく、日本、そしてアジア地域において的確に近代及び現代日本文化の様相を文芸作品や言葉によって分析・考察され、国際日本学の最前線の動きを検討している。[20]

(2) メディアを中心とするトランスナショナルな文化の伝播、交流

グローバル化が急速に進む今日、世界の文学、思想、言語などをつないで

いるのは、多様なメディアである。「メディア革命」の時代のなかで、アジア諸国は相互に無関係ではありえない。そして、メディアの発展が進むことによって、文化の国境は消えつつあるといえよう。メディアは新聞、雑誌、テレビ、ラジオなどの近現代以降できあがった媒体として捉えることが多い。第四回のフォーラムでは、より広義的意味を取る。台湾・日本・韓国を含めた東アジアにおける文化交流・伝播の様相に迫り、異文化がどのようにメディアを通じて、どのように影響し合い、そしてどのような新しい文化が形成されるかについて議論した。このフォーラムでは、文学、思想、言語という三つの視点からメディアによる文化の再形成について検討すると同時に、メディアを取り入れることによって、既存の学問領域、すなわち大学の学部、学科に分類されるような枠を超えて、横断的に議論する場を作りことを目的としている。[21]

結論:「台湾日本研究連合協会」の結成と「東アジア日本研究者協議会」の連携に向けて

　台湾は、地政学的にも常に外との関わりにおいて揺れ動いてきた。その意味で台湾には、世界史の普遍的な問題が凝縮して存在している。そのことを思えば、台湾からの問いであるからこそ成立する、独自の意味ある問いや課題が必ずあると考えられる。それを端的に「台湾的特色を持つ日本研究」と呼ぶとすれば、そうした研究こそ、台湾だけでなく、日本さらには東アジアの研究に積極的な貢献ができるだろう。

　一方、台湾における日本研究は、社会が求める実際の人材育成に応えるだけの教育体制を十分に構築しているとは言えない。また台湾の日本研究に対する認識も、なお「外国語としての日本語教育」の域を脱していない。むしろ強化されているかにみえる。こうした危機的な現状を、いかに克服するのか。まずは、台湾の日本研究のあり方を再検討し、上述したように東アジア、ないし世界の研究者の結集し、「知的交流」をさらに図り、大きな連合組織を実現しなければならない。そのために、近い将来、台湾の日本研究を結集・

統合した組織として、「台湾日本研究連合協会」を結成する予定がある。新たに構築する「台湾日本研究連合協会」は台湾および日本の産・官・学が連携する支援に求める。この研究者と産・官・学の組織的連携によって、台湾各大学の研究者及び研究センターの横の連携のみならず、「東アジア日本研究者協議会」[22]との連携も可能となり、相互に協力しての安定した次世代日本研究者育成のシステム作りができることを意図する。さらには国際日本学研究の多元的な発展が実現可能になるため、この連合組織での共同研究と教育の実績を着実に積みあげることにより、近い将来、台湾の政府直轄の「(国立)日本研究センター」開設の実現を目指すことも、十分視野に入ってくるはずである。それは、私たちが研究を通じて東アジア、ないし世界に貢献できる方向であり、道であると確信する。

注

1　徐興慶、太田登『国際日本学研究の基層―台日相互理解の思索と実践に向けて―』日本学研究叢書 1、台大出版中心、2013 年、序文。

2　徐興慶編『近代東アジアのアポリア』日本学研究叢書 8、台大出版中心、2014 年。

3　同前、44 頁。

4　徐興慶、陳永峰『転換中の EU と「東アジア共同体」―台湾から世界を考える』日本学研究叢書 7、台大出版中心、2012 年。

5　同前、陳序文。

6　辻本雅史、徐興慶『思想史から東アジアを考える』日本学研究叢書 22、台大出版中心、2016 年、辻本序文。

7　同上注、辻本序文。

8　山本和行『自由・平等・植民地性―台湾における植民地教育の形成』日本学研究叢書 17、台大出版中心、2015 年。

9　林琪禎『帝国日本の教育総力戦―植民地の「国民学校」制度と初等義務教育政策の研究―』日本学研究叢書 18、台大出版中心、2015 年。

10　拙稿「帝国日本の越境統治における歴史、思想政策の変遷―台湾、朝鮮、満州国の日本語教育と「同化」「皇民化」を中心として―」、『台大日本語文研究』第 27 期（台北：台湾大学日本語文学系）2014 年 6 月、217-255 頁。

11　拙稿「近代日本「台湾領有論」的系譜」、「台灣歷史文化」系列學術演講會、台灣日本研究學會、2013 年 5 月 16 日。

12　拙稿「近代文化論から見た李春生の日本観」、拙書『東アジアの覚醒—近代日中知識人の自他認識』収録（東京：研文出版、2014 年）。
13　楊承淑『日本統治期台湾における訳者及び「翻訳」活動』日本学研究叢書 19、台大出版中心、2015 年。
14　戴炎輝・蔡章麟『臺灣省通志稿政事志司法篇』（台湾省文献委員会、1955 年）第一冊、6 頁。
15　王泰升『台湾法における日本的要素』日本学研究叢書 19、台大出版中心、2014 年、13 頁。
16　同上注、44 頁。
17　周婉窈『台灣歷史圖説』（台北：中央研究院台湾史研究所籌備處、1997 年）5 頁。
18　王泰升『台湾法における日本的要素』日本学研究叢書 19、台大出版中心、2014 年。
19　陳萱『1874 年「台湾事件」の表象—明治日本における台湾像の形成—』日本学研究叢書 10、台大出版中心、2013 年。
20　林立萍『国際日本学研究の最前線に向けて—流行・ことば・物語の力—』日本学研究叢書 2、台大出版中心、2013 年。
21　梁蘊嫻『東アジアにおけるトランスナショナルな文化の伝播、交流—メディアを中心に—』日本学研究叢書 22、台大出版中心、2016 年。
22　「東アジア日本研究者協議会」及び「第 1 回国際会議」は、2016 年 11 月 30 日にソウル大学で発足した。その趣旨は国境を越えた日本研究者の学術的な交流の場を作ることと若手研究者の育成にある。2017 年に中国天津南開大学、2018 年に国際日本文化研究センター、2019 年に国立台湾大学、それぞれの開催機関が決まった。以降、二年に一回、国際学術会議を開催することとなっている。

IV

文学部・人文学の学問・制度

东亚的"汉文学"

王　勇

目前在世界范围内，无论政治经济还是文化艺术，"东亚"均是个热门词汇，不仅冠以"东亚"的组织机构、学术会议、报刊杂志、体育竞技、经贸合作频频亮相，以"东亚"为主题的论文与著作更是不胜枚举。

"汉文学"是东亚研究的一个分支，近十数年来在国内外学术界大有成为显学的态势，各类著述可谓"汗牛充栋"；但对局外人而言，这三字读来拗口、看着别扭，似曾相识而又说不清、道不明。原因究竟在哪里呢？

这个词虽然由三个我们再熟悉不过的汉字组合而成，但却不是传统汉语中固有的词汇。倘若拆解开来，"汉文"、"汉学"或"文学"，均有一定的历史传承，具有约定俗成的相对固定涵义；一旦拼接起来，"汉文学"却属阅世尚浅的新概念，《汉语大词典》等均未收录，因此释义也因人因地而异。

概而言之，在国内语境中，大多将之解释作"汉+文学"，偏向于文学领域；在国外语境中，一般理解成"汉文+学"，侧重于汉学分野。前者狭义，后者广义。

至于"汉学"涵义，众说纷纭。按时下流行的观点，大致等同于"中国学"。本文所指的"汉文学"，诠释为"汉文典籍之学"，尤其指中国典籍传播区域的域外汉文典籍。通过阅读域外人士创作的汉文遗产，探寻其中国因素，考察其民族特色，并从中发掘裨益于国学研究及文化交流史研究的资料。

一、中国的"汉文学"

（一）鲁迅与"汉文学"

鲁迅在国内学者中较早使用"汉文学"概念，《鲁迅全集》第九卷收入《汉文

学史纲要》（人民文学出版社，2005 年版），该书篇目如下：

> 第一篇　自文字至文章
>
> 第二篇　《书》与《诗》
>
> 第三篇　老庄
>
> 第四篇　屈原及宋玉
>
> 第五篇　李斯
>
> 第六篇　汉宫之楚声
>
> 第七篇　贾谊与晁错
>
> 第八篇　藩国之文术
>
> 第九篇　武帝时文术之盛
>
> 第十篇　司马相如与司马迁
>
> 附　录　魏晋风度及文章与药及酒之关系

《鲁迅全集》在该书卷首附有编者说明："本书系鲁迅 1926 年在厦门大学担任中国文学史课程时编写的讲义，题为《中国文学史略》；次年在广州中山大学讲授同一课程时又曾使用，改题《古代汉文学史纲要》。在作者生前未正式出版，1938 年编入《鲁迅全集》时改用此名。"

1938 年主持《鲁迅全集》编务的郑振铎、许广平等，将该书定名为"汉文学史纲要"，也并非完全无据。1926 年鲁迅在厦门大学油印讲义的第四至第十篇的中缝，写有"汉文学史纲要"。

归纳起来说，鲁迅将厦大的讲义正式定名为"中国文学史纲要"，将中大的讲义正式定名为"古代汉文学史纲要"，而在厦大讲义中缝简称之为"汉文学史纲要"。

这部著作一书三名，已经让人纠结；而书名中的"汉"字，更招致多种猜测——"汉代"？"汉民族"？"中国"？"汉字"？

从该书正文 10 篇、附录 1 篇的名目来看，内容多涉及汉代文学。在此意义上看，鲁迅所说的"汉文学"，或等同于"汉代+文学"。这种说法看似顺理成章，其实还存疑窦。约半个世纪后，这个书名终于引出一段公案。

上世纪 80 年代初，鲁歌多次撰文质疑《汉文学史纲要》书名，认定此书

名系后人误解"鲁迅的原意",鉴于"这一谬误已流传了四十五年之久,蔓延到全世界,问题相当严重。故呼吁"亟须纠正"。作者如此判断的依据如下:

> "古代"指从原始社会到汉,"汉"即汉代。该书《古代汉文学史纲要》共有十篇,《第一篇 自文字至文章》,《第二篇 〈书〉与〈诗〉》,《第三篇 老庄》,《第四篇 屈原及宋玉》,《第五篇 李斯》,内容是从"原始之民"到秦的李斯的文学史略,这些都是汉代以前的事,故鲁迅用"古代"二字概括之。从第六篇至第十篇(即从《汉宫之楚声》至《司马相如与司马迁》),才是汉代文学史内容,鲁迅用"汉"字来概括。因而鲁迅自定的题目《古代汉文学史纲要》是切合这十篇的内容的。1938年版《鲁迅全集》去掉了鲁迅自写的"古代"二字,把题目改为《汉文学史纲要》,便不能包括前五篇的内容,造成了题不对文的谬误。现在应从速恢复鲁迅自定的题目,不应使谬误继续流传下去了! i

作者强调"鲁迅原书名是《古代汉文学史纲要》,'古代'两字有特定含义,指从原始社会到汉代以前,……'汉'即汉代",即把"古代"理解为秦代以前,把"汉"解释为汉代。

这篇文章有点意气用事,事后冷静下来再做斟酌,作者发现了问题,尤其对"汉"的诠释有误,于是又撰文加以修正:"这里的'汉',显然是汉民族之意,而不是汉代之意,因为屈原及宋玉不是汉朝人。所谓《汉文学史纲要》,即用汉民族的文字写成的文学作品的历史纲要。" ii

鲁歌在《对1981年〈鲁迅全集〉的若干校勘之二》一文(《绍兴师专学报》,1986年第1期)中,对此问题再次予以澄清:

> 我在《对1981年出版的〈鲁迅全集〉的若干校勘》一文中曾指出《汉文学史纲要》书名有误,应改为由鲁迅亲定的《古代汉文学史纲要》。但我在该文中提出这里的"古代"二字指"从原始社会到汉代以前","汉"即汉代,是不够正确的。这里的"汉"不是汉代之意,而是汉民族之意。

鲁迅在厦门大学任教时，有写《中国文学史略》的计划。此《中国文学史略》，实际上即《汉文学史纲要》，即中国作家用汉文所写的文学作品的历史纲要。

归纳鲁歌的3篇文章，最初将"汉文学"解读为"汉代+文学"，后两文对此做了重大修正，认为"汉"指汉民族，"汉文学"应该解释为"汉族+文学"。

鲁歌对《汉文学史纲要》的书名提出质疑，其勇气和慧眼值得尊重，但主要论点朝三暮四，论据也存在明显的瑕疵，如"古代"解释为"从原始社会到汉代以前"，又说"指的是从上古到汉末"（《为〈古代汉文学史纲要〉正名》），自相矛盾不说，这种"特殊"的诠释，既不符鲁迅的用词风格，也有违约定俗成的断代习惯。

顾农最先发难，他于1986年发表《〈汉文学史纲要〉书名辨》（《江汉论坛》，1986年第12期），1999年又发表《〈汉文学史纲要〉书名问题》（《出版广角》，1999年第11期），批驳鲁歌的观点，为《汉文学史纲要》正名，其根据是：

（1）书名经许广平审定；

（2）该书名已约定俗成；

（3）"古代"概念宽泛，包含"汉代"。

1987年，康文发表《〈汉文学史纲要〉书名应改正》（《鲁迅研究动态》，1987年第8期），认为《古代汉文学史纲要》删去"古代"后，"书名令人迷惑不解"：

> "汉文学"若作"汉代"讲，那么书中还讲到先秦、秦代了，若作"汉族"讲，也不能只讲到汉代啊？

康文指出误改书名之责或在主事《鲁迅全集》编务的郑振铎，证据是郑振铎1985年发表的《中国文学史的分期问题》中的下面一段话：

> 鲁迅先生编的《汉文学史》虽然只写了古代到西汉的一部分，却是杰

出的。首先,他是第一个在文学史上关怀到国内少数民族文学的发展的。他没有象所有以前写中国文学史的人那样,把汉语文学的发展史称为"中国文学史"。在"汉文学史"这个名称上,就知道这是一个"划时代"的著作。

郑振铎这段话的意思,说"汉"限定于汉民族,表示鲁迅对少数民族文学的关注。然而,我们知道鲁迅不谙少数民族语言,在他的著述中也从未表述过这层意思。

遗憾的是,康文虽然提供了郑振铎这条重要线索,也对郑振铎的观点做了批驳,但他主张恢复《古代汉文学史纲要》的书名,却对争议焦点的"古代"、"汉"没有做出明确的交代。

这部书原是鲁迅的讲义,1926年下半年他在厦门大学开设中国文学史课程,所编讲义定名为《中国文学史略》;1927年在中山大学再次开设此课,讲义更名为《古代汉文学史纲要》;1938年编纂《鲁迅全集》时,编者更名为《汉文学史纲要》,目前学界均沿袭这一名称。

如前所述,鲁迅在厦门大学开设的课程是"中国文学史略",他于1926年9月14日致许广平信中说,自己在厦门大学担任的课程之一"是中国文学史,须编讲义。……我还想认真一点,编成一本较好的文学史"。同年9月25日致许广平信中说:"如果再没有什么麻烦事,我想开手编《中国文学史略》了。"9月28日给许广平的信中写道:"从昨天起,已开手编中国文学史讲义,今天编好了第一章。"1928年2月24日致台静农信中说:"《中国文学史略》,大概未必编的了,也说不出大纲来。"

那么1927年赴中山大学任教时,情况又如何呢?据1927年3月印行的《国立中山大学开学纪念册》,鲁迅所开的这一课程的名目是"中国文学史(上古至隋)三时",即课程名称是"中国文学史",断代为"上古至隋",课时为每周3小时。由此推断,"汉文学"之"汉",等同于"中国",绝没有"汉代"的意思,也不局限于"汉民族"。鲁迅在讲义上添加"古代"两字,意即限于"上古至隋"。

根据上面列举的各种资料，我们可以对鲁迅所用"汉文学"一词的来龙去脉，做一番梳理：

（1）这份讲义1926年最初起名《中国文学史略》，似有与《中国小说史略》匹配的意思（《鲁迅全集》第九卷为《中国小说史略》与《汉文学史纲要》合集），即从小说而推广至整个文学领域；

（2）1927年改为《古代汉文学史纲要》，似乎大大缩小了范围，限定于"古代"，改名后的"汉文学"，应该理解为"中国文学"，不然既已明确"汉代"，再限定古代，岂非屋上架屋？作为证据，1926年在厦门大学的讲义原稿，分篇陆续刻印，书名刻于每页中缝，前三篇为"中国文学史略"（或简称"文学史"），第四至第十篇均为"汉文学史纲要"，则"中国"与"汉"同义甚明；

（3）鲁迅的原意似乎是讲授"中国文学通史"（或称"汉文学通史"），但第二次讲授时因故改变主意，聚焦于古代文学史，故称"古代汉文学史纲要"，而绝非只讲"汉代文学史"，证据是正文10篇中的前5篇为秦以前部分，附录则延伸至魏晋时代；

1936年鲁迅去世后，1938年由鲁迅先生纪念委员会编辑《鲁迅全集》20卷，将书名擅改为"汉文学史纲要"有失稳妥，容易招致误解。

这个"汉"字，近人、今人均不解，显然在中国语境中难理头绪。窃以为鲁迅以"汉文学"指称"中国文学"，有可能受到日本学界用词的影响。

中国语境中，"汉"大凡指汉代或汉族，"汉字""汉诗"如是，"汉籍""汉人"亦同。以"汉"指称中国，起自近代，源头则在海外。至于鲁迅所赋予"汉"的含义，疑来自留日经历，兹以周作人为佐证。

众所周知，周作人浸淫日本文化远比其兄周树人（鲁迅）要深，在他的作品中能够看到诸多日本因素的深刻痕迹。

周作人自编文集《药堂杂文》（河北教育出版社，2002年），收录《汉文学的传统》一文，作者开篇即谈到"汉文学"的定义：

这里所谓汉文学，平常说起来就是中国文学，但是我觉得用在这里中

国文学未免意思太广阔，所以改用这个名称。中国文学应该包含中国人所有各样文学活动，而汉文学则限于用汉文所写的，这是我所想定的区别，虽然外国人的著作不算在内。

周作人认为"中国文学"概念宽泛，而"汉文学"限定于汉文作品，但不包括域外人士的汉文著述。这里的"汉"，显然与"汉代"没有干系。他接着写道：

中国人固以汉族为大宗，但其中也不少南蛮北狄的分子，此外又有满蒙回各族，而加在中国人这团体里，用汉文写作，便自然融合在一个大潮流之中，此即是汉文学之传统，至今没有什么变动。

周作人虽然排除了"外国人的著作"，但把"南蛮北狄"及"满蒙回各族"的"汉文写作"囊括其中。因此，这个"汉"也不是"汉民族"的意思，而强调以汉字为载体的文化形态，所以他说"汉文学是用汉字所写的，那么我们对于汉字不可不予以注意"。

有关以汉字为载体的文化形态，周作人归纳为"汉文学里的思想我相信是一种儒家的人文主义（Humanism）"，并进一步诠释说：

我说汉文学的传统中的思想，恐怕会被误会也是那赋得式的理论，所以岔开去讲了些闲话，其实我的意思是极平凡的，只想说明汉文学里所有的中国思想是一种常识的，实际的，姑称之曰人生主义，这实即古来的儒家思想。

除了《汉文学的传统》，周作人在《汉文学的前途》（《药堂杂文》，河北教育出版社，2002年）中，也涉及到这个问题。他首先指出：

我意想中的中国文学，无论用白话那一体，总都是用汉字所写，这就是汉文，所以这样说，假如不用汉字而用别的拼音法，注音字母也好，

罗马字也好，反正那是别一件东西了，不在我所说的范围以内。因为我觉得用汉字所写的文字总多少接受着汉文学的传统，这也就是他的特色，若是用拼音字写下去，与这传统便有远离的可能了。

周作人把汉字与注音字母（参考日本假名创制）、罗马字区别开来，认为汉字负载着"汉文学的传统"：

> 我觉得用汉字所写的文字总多少接受着汉文学的传统……汉文字的传统是什么……这就是对于人生的特殊态度。中国思想向来很注重人事，连道家也如是，儒家尤为明显，世上所称中国人的实际主义即是从这里出来的。

周作人的观点，大抵可总结为，汉字承载的"汉文学"，其核心是儒家思想，还包括一些道家的成分。亦即，汉文学形式限于汉字，内涵则不限于文学。这在中国的传统语境中找不出根据，与现时流行的"汉文学"研究更是相去甚远。

于是我们就要思考，鲁迅与周作人的"汉文学"概念，究竟来自于何处？从这两人的经历来看，他们留学日本很可能是一个源头。

二、日本的"汉文学"

纵观中国学术界，在国学领域中很少有人使用"汉文学"的概念，而使用者往往具有域外（尤其是日本）学术背景。因此，有必要厘清这个概念在日本语境中的内涵与外延。

在日本学术界，"汉文学"具有广义与狭义、内向与外向等多种解释。我们先看日本权威辞书《大辞泉》对"汉文学"的解释：

> （1）中国传统文学。中国的古典文学。分经（经书）、史（历史）、子（诸

子百家)、集(诗文集)4部。

(2) 用汉文撰写的文学作品,以及对此进行研究的学问。

我们倒过来讲,第二种释义是凡汉文作品尽纳其中,并不限于中国,这是广义的;第一种释义是限于经史子集,一般不包括佛教、科技等作品,这是狭义的。或者说,第一种释义针对中国,属于"外向"的;第二种释义比较模糊,但囊括了日本人的汉文作品,含有"内向"的余味。

相比之下,《日本大百科全书》(小学馆)由大曾根章介执笔的"汉文学"条,则将其框定为"日本人的汉文作品"。即外延限定为"日本",属于"内向"的;内涵限定为"文学",属于"狭义"的。这在日本国文学领域是比较通行的观点,兹引录如下:

日本人创作的汉诗及文学性的汉文。所谓汉文学,无疑是日本人借用中国的语言文字表达日本人思想感情的作品,但同时是在积极崇拜、努力摄取中国文学的基础上发展起来的文学形态。因此,作者均关注中国文学的变迁,追随中国文学的潮流,并不断加以模仿,不能简单地判定为我国独自的文学。借用中国的形式而盛之于日本内容,这种双重性格便是其特色所在。

在日本文学界,有一个具有中国学术背景的群体,他们熟谙中国文字、语言、文学乃至哲学思想、历史文化,其地位举足轻重,其影响不可小觑。代表人物有冈田正之、猪口笃志、山岸德平等,其中冈田正之的博士学位论文《近江奈良朝的汉文学》,1929年由东洋文库出版,是日本最早的一部汉文学断代史。

1964年,山岸德平、长泽规矩也在《近江奈良朝的汉文学》基础上,整理冈田正之遗著编为《日本汉文学史》(吉川弘文馆,1964年12月),此书堪称斯界扛鼎之作。该书卷末附有《日本汉文学史研究资料解说》,兹罗列几种:

(1) 儒学方面,有《日本宋学史》、《日本程朱学之源流》、《南学史》、《海南朱子学发达之研究》、《南学读本》[iii]等;

(2) 史学方面,有《善邻国宝记》、《异称日本传》、《邻交征书》、《日支交通史》、

《日支文化之交流》、《上代日支交通史之研究》、《释日本纪》、《日本书纪集解》、《日本书纪古训考证》等；

（3）其他方面，有《上宫圣德法王帝说》、《唐大和上东征传》、《日本上代金石文之考证》、《皇典文汇》等。

很显然，日本语境中的"汉文学"，与中国语境中的概念不尽相同。赵苗在《日本汉文学史续论》(《经济研究导报》，2010 年第 16 期) 一文中，对《近江奈良朝的汉文学》评述如下：

> 全书共分五编，内容包括典籍的传来、归化民族和汉文学、推古朝的遗文、学校及贡举、圣学及人材、学术的风气、记纪和风土记、养老令、诗和诗集、汉文学和万叶集、宣命、祝词和汉文学等。此书的内容非常丰富，引证的资料很多，遗憾的是将一些并非汉文学的内容也包括进去，使这部书的内容显得有些庞杂。

赵苗所言的"非汉文学的内容"，即历史、地理、经学、典章等文献，按现代中国人的概念，不能归入"汉文学"范畴，而这恰恰是日本"汉文学"的特征所在。

从日本历史上看，所谓"汉文学"是对应"和文学"而萌生的概念。日本自古无文字，故早期的文学作品是用汉字记录的。这里面又分两种情况：一种直接用汉文创作，取汉字之"义"，如《怀风藻》等；另一种用汉字来记录，取汉字之"音"，如《万叶集》等。第二种情况由于保持着汉字之"形"，视觉上与汉字无异，所以后世称之为"真名"，在此基础上通过省笔、草化而衍变成"片假名"、"平假名"，形成具有日本创意的表音文字"假名"，在视觉上与汉字已相去甚远。

使用汉字创作的作品归为"汉文学"，使用假名（包括"真名"）创作的作品划入"和文学"。虽然日本文学由汉和两条主线交织而成，但历代的国粹主义者轻"汉"重"和"的暗流一直涌动不息，近代以来随着西方文化东渐及民族意识高涨，这股暗流逐渐浮出水面，在"国文学"的圈子里视"和文学"为正统、主流，通行的日本文学史往往摒弃"汉文学"，以彰显本民族文学的纯洁性。

这种观念显然有失偏颇，部分理性的学者早已有所觉察。譬如，加藤周一指出：

"特别是向来的日本文学史,大多看作是用日本语书写的文学,而此书在这里所思考的是,日本人通过两种语言创造出来的文学。这两种语言之一是日本语,另一种是古汉语(在日本的所谓"汉诗汉文")。"[iv]

加藤周一这部《日本文学史序说》的重要创新之处,即是把国文学者视之为"旁流枝叶"的汉文学,拨乱反正而回归于日本文学的流变中加以考察。因为他认为"从七世纪至十九世纪,日本文学至少存在两种语言:这就是日本语的文学和中国语的诗文",至于两者的特征、功能及相互关系,他接着做了进一步阐述:

> 比如,《万叶集》与《怀风藻》、《古今和歌集》与《文华秀丽集》。不消说,在这里能够更丰富、更微妙地表现出日本人的感情生活的,不是用外国语写作的诗,而是用母语写作的歌。然而这个时候,散文方面情况已不尽相同。比如,用日本语书写的诗论《歌经标式》,其理路就比不上用汉文书写的《文镜秘府论》那样清晰。[v]

也就是说,和文学富有感情色彩,而汉文学具有理论深度,两者既独具特色又相映成辉,在构建日本文学史不可偏废一端。正是因为上述特点,在日本文学中扮演"理性"角色的汉文学,往往超越狭义的"文学"框架,涉及到哲学思想、历史文化的宽泛领域。

如上所述,日本语境中的"汉文学",大致有以下几种涵义,自大而小罗列之:

(1) 汉文作品以及对此进行研究的学问(《大辞泉》);

(2) 中国的传统学术,包括经史子集(《大辞泉》);

(3) 日本人用汉文撰写的文献,除诗文之外,还包括哲学思想、历史文化著作(冈田正之《日本汉文学史》);

(4) 日本人用汉文撰写的文学作品,主要指诗歌、散文(《日本大百科全书》、加藤周一《日本文学史序说》)。

归纳起来说,各种言说的分歧点在于:(1)专指中国,还是专指日本?(2)限于文学,还是广及思想文化?在日本语境中,中国的"汉文学"概念根深蒂固,最大限度可以涵盖经史子集;日本的"汉文学"涉世未深,一般拘囿于文学领域,即

使如冈田正之等也仅旁及哲学思想、历史文化典籍而已，此概念的内涵与外延均因人而定，处于不确定之中。然而，进入新世纪以来，出现构建"汉文学"学术体系的动向，传统观念受到极大挑战。

2001年，日本文部科学省启动大学改革的程序，重头戏之一是次年开始实施"21世纪COE计划"（*The 21st Century Center Of Excellence Program*），国家通过投入大量资金，每个学科重点扶持一个，以促其达到国际顶尖水平，有点类似中国教育部的人文社科重点基地。

历史悠久而汉学积淀深厚的二松学舍大学，申请"日本漢文学研究の世界的拠点の構築（日本汉文学研究之世界基地的构筑）"获得成功，本人作为客座研究员参与其中，对其构建日本"汉文学"基地的过程比较熟悉。那么他们的"汉文学"是什么含义呢？

首先，该项目英文翻译为"*Establishment of World Organization for Kanbun Studies*"，与"汉文学"对应的英文是"*Kanbun Studies*"，其中"*Kanbun*"系"汉文"的日语读音，"*Studies*"不用说指"研究"或者"学问"。由此可见，这个日本国内唯一的"汉文学"基地，其意思是"汉文+学"。

我们再看二松学舍大学COE官方网站[vi]对该项目主旨的陈述。先看第一段：

> 本项目所言"日本汉文学"，乃是以日本人用汉字汉文撰著的文献资料为对象的学问，对象范围不限于汉诗文等文学作品、记录类史学文献，涵盖佛典、佛书、天文历法、医书、本草等所有分野之文献。

这里需要说明一下，日本的COE计划一般按传统学科申报，如"社会科学"、"人文科学"、"生命科学"等，但为传统学科分类所难以涵盖的交叉学科或新兴学科，特设"创新学术"的门类，二松学舍大学的"日本汉文学研究"基地便归属于此。那么，它的创新点在哪里呢？其独创之处即在于摆脱"经史子集"的藩篱，将研究对象扩展至"佛典、佛书、天文历法、医书、本草等所有分野"。一言以蔽之，凡用汉文撰写的文献，均列为研究对象。这从该校出版的学术期刊《日本汉文学研究》内容，亦可得到印证。我们接着看第二段：

没有固有文字的日本人，通过学习中国的汉字汉文而摄取中国的学术文化。在此基础上，不久发明"训读"这种独特的解读方法，不仅使吸收中国学术文化的对象范围飞跃般地扩大，同时日本人自身用汉字汉文创作了大量的著述。

这里提到"日本人自身用汉字汉文创作了大量的著述"，数量究竟有多大呢？二松学舍大学 COE 团队已经做出两个书目，我们以后会具体涉及，仅现存的总数就不少于万种。

那么这些汉文书籍价值何在呢？我们接着看下文：

可以毫不夸张地说，前近代的日本，汉字汉文的文献构成日本学术文化的主干。因此，日本汉文知识不仅对日本文化研究是必不可缺的，同时也是日本研究的基础。有关此点，国内外的日本研究者强烈期待日本汉文学研究的充实与研究人员的培养。

日本学者的视野往往拘囿于国内，上述观点显得有些狭隘。现在国内盛行"域外汉籍"研究，大多数人不是冲着"日本"去的，功利一点的是为淘宝中国典籍的残篇断简，大度一点的也会去观摩其他民族的创意。

这篇文章的最后，感叹"随着明治以后急速的近代化，上述日本汉文学的研究倍遭冷遇，文献资料类的埋没、散逸触目惊心"，因而呼吁进行抢救性作业。

其实，最根本的问题是，自明治维新（1868 年）以后，日本人的汉文水平日渐衰弱，要继承这份庞大的汉文学遗产，绝非易事。所谓"解铃还需系铃人"，这项光荣而艰巨的任务，大概要由中国文化传播者的后代来承担。

三、韩国的"汉文学"

虽然国内研究韩国古典文学或传统文化的学者，经常使用"汉文学"的术语，但这个概念在韩国如何形成、怎样流变，我们知之甚少。

在这一讲中，我们先概述韩国学界有关"汉文学"研究的基本情况，接着聚焦于该领域的开山之作——金台俊的《朝鲜汉文学史》，探讨朝鲜汉文学的传统特征与发展趋势。

韩国学者撰写的"汉文学"研究专著，已经译成中文且比较容易看到的有两种：金台俊的《朝鲜汉文学史》（张琏瑰译，社会科学文献出版社，1996年版），李家源的《韩国汉文学史》（赵季译，辽海出版社，2005年版）。

金台俊的《朝鲜汉文学史》初版于1931年（朝鲜语文学会），被公认为是"韩国第一部汉文学史专著"[vii]，我们在下节对这部书再作介绍。

李家源的《韩国汉文学史》问世于1961年（民众书馆），这是一部通史，比较全面地叙述了韩国汉文学的发展历程。同一时期，还有崔海宗的《韩国汉文学史》（青丘大学出版部，1958年）、文璇奎的《韩国汉文学史》（正音社，1961年）、徐首生的《高丽朝汉文学研究》（萤雪出版性，1971年）等。

如果以金台俊的《朝鲜汉文学史》为"汉文学"研究的奠基之作，那么上世纪50-70年代的几部著作可称为古典期。这一时期的基本特征是，学术界尚弥漫着"民族史观"的氛围，"汉文学"似乎是与"韩文学"脱节的、象征着古老落后、生硬古板的传统遗产。

李惠国主编的《当代韩国人文社会科学》（商务印书馆，1999年），第四章"文学研究"之第一节"古典文学与研究"，辟"汉文学研究"专项，对80年代后"汉文学"研究逐渐兴起的背景，做了如下的梳理与分析：

> 到了80-90年代，汉文学研究有了新的转机。不少学者逐渐认识到在韩国古典文学中汉文学所占的比重很大，要扩大研究范周、开拓研究之新途径，就应该对汉文学进行广泛而深入的研究。这样就在韩国学界兴起汉文学热，后起的少壮学者们也纷纷投入到汉文学研究之中。这场汉文学研究热一改过去的沉寂局面，形成非常活跃创的研究局面。这时期的汉文学研究所涉及的范围很广，研究成果也多种多样，其主要的研究对象包括韩国汉文学的形成、韩国中世纪各个时期汉文学发展、汉文学作家和流派以及汉诗、汉语散文的创作及其特点等。在这时期的汉文学研究引人注目的是博士学位论文的日益增多，而且对汉

诗的研究比重相对多一些。

代表性论著可举出如下几种：梁元锡的《韩国汉文学形成过程研究》（高丽大学博士论文，1985年）、李崇文的《高丽前期汉文学研究》（高丽大学博士论文，1992年）、金英的《朝鲜朝后期汉文学的社会意蕴》（集文堂，1993年）、尹在民的《朝鲜朝后期中人层汉文学研究》（高丽大学博士论文，1990年）、郑尧一的《汉文学批评论》（仁荷大学出版部，1990年）等。

与此前的古典式研究不同，这一时期的研究不仅趋于细化，即集中研究每一时段、某个阶层、甚至某个人物；而且运用现代的研究方法，涉及到社会学、文艺批评等领域；研究目的也从怀古到阐明"汉文学"的现代意义。

韩国语境中"汉文学（한문학）"，究竟是什么涵义呢？手头辞书的解释均太简略，我们还是来看看"汉文学"研究的开山作品——金台俊的《朝鲜汉文学史》，是如何界定这个概念的。

金台俊（1905-1950），朝鲜平安北道云山郡人，号天台山人。1928年毕业于京城帝国大学艺术系，1931年毕业于京城帝国大学法务系中国文学专业。他于1930年在《朝鲜日报》上连载《朝鲜小说史》，这是一部运用比较文学方法的作品，可谓开近代文学研究之先风，在朝韩学术界享有盛誉。

1931年与李熙升、赵润济等创立朝鲜语文学会，同年出版单行本《朝鲜汉文学史》。1939年任京城帝国大学讲师，因从事反日活动，1941年被日本殖民当局逮捕入狱。同年获假释后即赴中国参加朝鲜义勇军。1945年日本投降返回韩国，任朝鲜共产党文化部长、朝鲜文学家同盟执委等。1947年因参与"8.15暴动"（反抗美军当局、李承晚政权对左翼势力的镇压），被美李当局投入监狱，1949年11月在汉城水色被处死，时年仅44岁。

全书由绪论、上代篇、高丽篇、李朝篇构成，绪论下分3章、上代篇厘为9章，高丽篇、李朝篇各7章。篇章结构如下：

绪论

第一章　传统文学观及今日之见解

第二章　朝鲜汉文学史之范围

第三章　朝鲜汉文学概观

第一编　上代篇

 第一章　古代文学之鉴赏

 第二章　三教之输入和三国文学

 第三章　三国统一以前的文章家

 第四章　强首先生

 第五章　三国统一后的文学和学制

 第六章　国言解经之先觉薛聪

 第七章　金大问和禄真

 第八章　罗末宾贡诸子

 第九章　东方汉文学之鼻祖崔致远

第二编　高丽篇

 第一章　高丽汉文学概观

 第二章　高丽初叶之文艺

 第三章　私学之勃兴与文运隆盛期

 第四章　文人受难期

 第五章　李奎报和较之晚出的诗人

 第六章　李齐贤及其所处时代

 第七章　高丽末叶的儒冠文人

第三编　朝鲜篇

 第一章　李朝汉文学概观

 第二章　草创期的文艺

 第三章　成宗至明宗间的诗风

 第四章　穆陵盛世之文运

 第五章　月象溪泽四大家

 第六章　仁肃间的巨星

 第七章　近世之汉文学

结论

值得注意的是，该书虽从上古时代开始叙述，但却于李氏朝鲜时代（1392-1910）戛然而止，这源于作者对朝鲜"汉文学"独特的视角，下面还会涉及。

我们集中探讨《绪论》所含的3章。作者在第一章"传统文学观及今日之见解"中，指出"世间学问按其性质可分为三类"，即科学、文学、哲学，各自特征与目的如下：

  一为科学，这是"知"的学问，其目的是求"真"；
  一为文学，这是"情"的学问，其目的是求"美"；
  一为哲学，这是"意"的学问，目的在于求"善"。

大意是说，人类做学问的终极目标，在于追求"真善美"的境界，而文学的功能在于抒发情感、美化生活。作者因而说："所谓文学，是具有美的情感的文字，换言之，即将现实生活之利害进行艺术化之处理。"进而指出"朝鲜古代之汉文学，其体裁多求山水花月"的特征。

按照上述分类，作者划定东方传统意义上"文学"的界限，即"博物学和天文学并不列属文学，同样，关于经术道德的所谓'伦理哲学'亦不在文学范畴"。金台俊虽然认为"纵观文学进化之回程，寻其盛衰变迁之因果，推测今后文学之趋势，此乃士学史之使命"，但他的《朝鲜汉文学史》却"与此略有乖忤"，并在第二章予以铺叙。

金台俊在撰写这部"汉文学"的拓荒之作时，首先面对如何框定研究对象的问题。他从学问分类的角度，指出"所谓汉文学理应指中国哲学和中国文学"，但作者的意图却有所不同：

  但我意在对汉文学作史学研究，专门考察汉文学，也就是说，我要抛开孔、孟、程、朱、老庄等哲学要素，单纯地对产生于朝鲜的、以汉文字写就的文学范围内的诗歌文章内容或形式之演变，进行史学研究。

传统意义上的"汉文学"，主要包括哲学思想与诗歌散文两个方面；而金台俊的

创新之处，在于抛开"孔、孟、程、朱、老庄等哲学要素"，专注于诗歌散文等文学作品，对之进行"史学研究"。

总而言之，金台俊在中国文学与韩国文学之间，开垦出一片"韩国汉文学"的园地。既然是一块独立的园地，必然具有排他性，即有必要与中国文学、韩国文学加以区别。与朝鲜文学的区分，作者这样叙述：

> 所谓朝鲜文学，是指完全以朝鲜文字"韩字"记录乡土固有思想感情的文学。用朝鲜语写成的小说、戏曲、歌谣等当属此范围。这便与汉文学区分开来。

上述区分非常清晰明快，即以韩文撰写的作品归入"韩文学"，用汉文创作的作品归为"汉文学"。然而，"出自朝鲜人的汉文学同中国人手制的汉文学有何差异呢"？作者继续论述：

> 中国人的中国文学，有先秦和两晋文章，有魏晋六朝以降直至明代之发达的小说，有六朝四六骈俪和唐诗、宋词及元曲，文学代代不辍。但是，自宋元以后，日渐发达的词曲小说文白（口语）混杂，且韵帘规则亦日趋繁杂，这对于语言习惯不同的外国人来说，欲模而仿之实在是件难事。因此，在我国对这类文学作品模仿之作几近于零。故此，朝鲜的汉文学全部是诗歌、四六和文章，并以此为止。

金台俊将中国文学以宋元为界分为两期，此前以文言作品为特征，此后以白话作品为特色；朝鲜对中国文学的摄取与模仿，不仅限于前者，而且多为传统的诗歌与散文。在本章的最后，作者特别加上"几句附言"：

> 一、本稿与拙作《朝鲜小说史》在许多方面重叠。每当此时我便简约带过，并力求用新的资料和实例加以说明。
> 二、佛家沙门的汉文学拟另觅机会阐述，故这里暂不论及。
> 三、朝鲜汉文学史不谈李朝以后部分。京畿三南诸家特别是西北各家均不置

词。

拒佛教作品于门外、断代于近代以前,这与日本的"汉文学"概念有异曲同工之妙。

金台俊的《朝鲜汉文学史》的先驱意义及经典价值,不仅有后世的客观评价,作者自身在撰写过程中似也怀有一种继往开来的使命感。他在第二章中有如下述怀:

> 最令人悲哀的是,现在朝鲜的汉文学者一谈汉文学,文章必称先秦两汉唐宋八家,律诗必举鲍谢杜陆,于此止步。实际上这是虚言妄发。反映现代中国民族精神之发展跃动的文学,是中国现代口语即白话文学,古代文言体诗文已成为供人观赏的古董。我现在以此作为课题进行研究,即是兴盛一时的古典研究的终结。学习文言汉文、作汉文文章的时代已经过去了。我的这项工作意味着对古代文化的总结整理(这是汉文学史的使命,特别是朝鲜汉文学史的使命)。

《朝鲜汉文学史》付梓之际,著名文学评论家金在哲为之作序,他首先肯定汉文学对朝鲜的巨大且深远影响:

> 自从汉字输入我国以来,我们的祖先一直用汉文编写历史、进行科举、吟哦诗歌、撰制文革。汉文固然有其弊缺,但绝对不是有害无益。我们不能忘记,正是汉文筑就了我们的历史文化。无论你是把汉文学看作是中国文学在朝鲜的发展,还是将之视为朝鲜文学的一部分,但任何人也绝对无法把这个宽阔博大的领域排除在朝鲜文学范畴之外。

接着在感叹"汉文学的黄金时代已经过去"的同时,关注如何继承这份弥足珍贵的文化遗产:

> 然而,如今有人制造汉字制限论。在汉字的宗主国中国也有人主张汉字撤废论。的确,汉文学的黄金时代已经过去,目前它正处于低谷受难期。在这个时

期，如果无人对星散四方的古人诗文集进行搜集整理，对过去的汉文学进行整体研究，那么，用不了多久，一度盛行繁荣于半岛的汉文学将湮没无存，我们的后人将与之无缘见面。因此，我期望于研究者久矣。我不是企望复兴汉文学，我只是切实地感到这是整理民族历史上一段独特文学现象之迫切需要。

因此，《朝鲜汉文学史》的问世，正是作序者期盼已久之盛事，"对此我致以万斛之赞词"。对于该书"儒家著作全然被排除在汉文学史之外，纯粹从文学角度对文学进行历史研究"，金在哲也予以积极评价，最后总结道：

> 无论其内容还是其治学方法，乃至行文笔法，都会使传统式汉文学研究者瞠目于三舍之外。

关于此书在中国学界的评价，管见所及寥寥无几，兹引张琏瑰在《译者前言》中的一段话为例：

> 金台俊写于30年代的这本书虽然篇幅不长，行文简约，但内容丰富，结构严整。因此刚一问世，即被学界公认为是这个领域里开创性研究成果。这本书所厘定的朝鲜文学史范畴和主要见解，已被后学广泛继承，它已成为韩国治文学史者必读书目。

综上所述，金台俊《朝鲜汉文学史》的主要学术创新点有三：将朝鲜汉文学从中国汉文学中剥离出来，强调其文言特点；将朝鲜汉文学与朝鲜文学链接起来，关注其民族创意；在重构"朝鲜汉文学"过程中，剔除了儒、道、佛等哲学思想成分。

不过，我们可以从这部著作中逆向印证，朝鲜半岛语境中，传统的"汉文学"恰恰包含了儒学、道教乃至佛教的诸多因素。这一方面与古汉语的"文学"意蕴相关，另一方面与流播东亚的"汉文"一词颇有渊源。

这里附带说一句，我曾经向多位韩国学者求证，在他们的意象中，"汉文学"应该断为"汉+文学"还是"汉文+学"？得到的答复均是后者，这一点与日本的"汉

文学"极其相似。

四、东亚的"汉文学"

前面三节,我们分别讨论了中国、日本、韩国语境中,"汉文学"概念的形成与变迁、共性与个性等诸问题,归纳起来有以下几个特点:

(1)鲁迅的"汉文学"等同于"中国文学",内涵限于现今的文学作品;

(2)周作人的"汉文学"等同于"汉文文学",内容主要指儒学,但作者限定为中国人;

(3)日本狭义的"汉文学",指传自中国的经史子集,一般不包括日本人的著作;

(4)日本广义的"汉文学",凡用汉文撰写的作品尽囊括其中,但不含佛教文献,有时特指日本人的汉文作品;

(5)韩国传统的"汉文学",包括儒学、道家乃至佛教等哲学思想;

(6)韩国新兴的"汉文学",排除哲学思想要素,限定为近代以前的文言作品。

显而易见,"汉文学"不仅是一种文学样式,而且是一种跨越民族、超越时代的文化现象。既然如此,就有必要从东亚的视域,对其进行考究。

"汉文学"一词中的"文学",既有蕴涵深厚的东方根基,又带有浓郁的西方色彩。中国古汉语中的"文学",据《汉语大词典》列出的主要义项有三:(1)文章博学;(2)儒家学说;(3)文章经籍。此外还有多种派出义项,这里就不一一列出。

《论语·先进》中说:"文学:子游、子夏。"《孔子家语》中又说子游"特习于礼,以文学著名",而子夏"习于《诗》,能诵其义,以文学著名"。这里的"文学",即"孔门四科"之一。据皇侃《论语义疏》"文学,谓善先王典文"一语可知,基本涵盖了《汉语大词典》的三项释义。

在西方语境中,英文的"literature"大约出现于14世纪,与法文中的"littérature"和拉丁文的"litteratura"同类,其共同词源为拉丁文的"littera"(字母)。这个词的基本含义,是指"阅读的能力及博学的状态",到后来也指"写作的工作与行业"或"高雅知识"的书本与著作。

"五四"新文学运动时期，西方的"literature"被译成"文学"导入到中国，于是出现两种倾向：一是将东方传统的"文学"概念替换为西方式的"文学"，一是将西方舶来的"文学"视为新概念。

李春《文学翻译如何进入文学革命——"Literature"概念的译介与文学革命的发生》（《中国现代文学研究丛刊》，2011年第1期），对上述两种倾向作了详尽剖析，兹摘要介绍如下。

1917年初，胡适和陈独秀先后发表《文学改良刍议》和《文学革命论》，揭开影响深远的文学革命运动的序幕。他们将西方的"文学"概念强加于中国，认为中国文学必须进行脱胎换骨的改造。

陈独秀在《文学革命论》中则提出打倒"雕琢阿谀的贵族文学"、"陈腐铺张的古典文学"、"迂晦艰涩的山林文学"的主张。胡适则引用《毛诗大序》中的名句来说明"文学"的本质："情动于中而形诸言。言之不足，故嗟叹之。嗟叹之不足，故咏歌之。歌咏之不足，不知手之舞之，足之蹈之也。"（《文学改良刍议》）其实这段文字谈的是诗歌与乐舞，后者并不包括在文学中。

此外，周作人在《中国新文学的源流》一文中，将中国"文学"的变迁描述成"言志"与"载道"互相消长，此起彼伏的过程。钱钟书为此撰写的书评，质疑将"文学"概念如此移用。

他指出，"在传统的批评上，我们没有'文学'这个综合的概念，我们所有的只是'诗'、'文'、'词'、'曲'这许多零碎的门类"，从西方引入"文学"这个概念后，人们开始把所有这些文体都归入"文学"这一概念下，而周作人又把"载道"和"言志"这两种不同文类的不同品质上升为"文学"的普遍性本质，从而做出了两者相互消长的判断。（《评周作人的新文学源流》，《新月》4卷第4号，1932年11月1日）

李春探讨的另一种倾向的代表人物是刘半农，他与胡、陈两人以进化论的逻辑来阐述文学变革的理由这一思路不同，明确指出新文学是作为西学之一种的"literature"：

欲定文学之界说，当取法西文，分一切作物为文字Language与文学Literature

二类。西文释Language一字曰"Any means of conveying or communicating ideas"。是只取其传达意思,不必于传达意思之外,更用何等功夫也。……至如Literature则界说中既明明规定为"The class of writings distinguished for beauty of style, as poetry, essays, history, fictions, or Belleslettres"。[viii]

刘半农指出新文学运动使用的"文学"概念,乃"取法西文",其基本特征就是具有"风格之美"("beauty of style"),而且包含"poetry"、"essays"、"history"、"fictions"等体裁。至于"文字"与"文学"的差异,他做了进一步阐述:

文字为无精神之物。非无精神也,精神在其所记之事物,而不在文字之本身也。……文学为有精神之物,其精神即发生于作者脑海之中。故必须作者能运用其精神,使自己之意识情感怀抱一一藏纳于文中。[ix]

综上所述,东西方的"文学"各有理路,但在近代却被混淆在一起,引发种种曲解。

就"汉文学"而言,原本滋生于东方传统的"文学"土壤之中,与德行、政事、言语并列为"孔门四科",以儒学为主的知识体系及写作艺术,这与日本、韩国传统"汉文学"的意蕴大致相合;然而中国近代出现的"汉文学"概念,兼有东西方的"文学"背景,这种差异体现在鲁迅与周作人的言说中。

"汉文学"概念,既可从"文学"的角度去诠释,也可从"汉文"的视角来考究。如同前述,在古汉语中,"文学"是个多义、宽泛的概念,并没有用作某个学问分野的统称,所以日本、朝鲜文脉中的"汉文学",应该理解为"汉文之学",因而有必要廓清"汉文"一词的脉络。

"汉文"一词自古有之,刘勰《文心雕龙·议对》"汉文中年,始举贤良",是指其人刘恒,即"汉文帝"的省称,此第一义;僧佑《梵汉译经音义同异记》"或善梵义而不了汉音,或明汉文而不晓梵意",乃汉字、汉语之意,此第二义;胡广

等《性理大全书・论文》"韩文力量不如汉文,汉文不如先秦、战国",则谓汉代之文章,此第三义。

"汉文"用作"汉文帝"简称的第一义,为东亚各国所普遍接受。日本方面的例子,如《日本后纪》卷三十三,载天长二年(825)十一月三十日皇太子奏言,称天皇"行同尧舜,仁敦汉文";朝鲜方面的例子,如《高丽史》卷二、世家二、太祖条云:"宰臣廉相王规、朴守文等侍坐,王曰:'汉文遗诏曰:天下万物之萌生,靡有不死。死者,天地之理,物之自然,奚可甚哀。'前古哲王,秉心如此。"

"汉文"用作"汉字"或"汉语"的第二义,同样为东亚各国所广泛使用。如《高丽史》卷七十七、志三十一、百官二、诸司都监各色:"汉文都监。(恭让王三年改汉语都监爲汉文置教授官。)"高丽朝廷原来设有"汉语都监",恭让王(第34代)即位三年(1390)时,改之为"汉文都监",其职能未有变化,故"汉语"与"汉文"同义甚明。

翻检日本历代史籍中,"汉文"出现频率甚高,而且经常与假名、国字对应使用。黄遵宪《日本国志》卷三十三、学术志二、文字,对此有系统叙述,文虽长,引录之:

> 日本中古时所著国史,概用汉文,惟诏策祝辞之类,间借汉文,读以土音,以为助语,旁注于句下。自假名作,则汉字、假名大小相问而成文,盖文字者所以代语言之用者也。而日本之语言其音少,其土音只有四十七音,四十七音又不出支、微、歌、麻四韵,一切语言从此而生。其辞繁,音皆无义,必联属三四音或五六音而后成义。既不同泰西字母,有由音得义之法,又不如中国文字,有同音异义之法。仅此四十七音以统摄一切语言,不得不屡换其辞以避重复,故语多繁长,如称一"我"字,亦有四音,称一"尔"字,亦用三音,他可知矣。其语长而助辞多,日本语言全国皆同,而有上、下等二种之别。市井商贾之言,乐于简易,厌其语之长,每节损其辞以为便,而其语绝无伦理,多有不可晓者,故士大夫斥为鄙俗。凡士大夫文言皆语长,而助辞多,一言一句必有转声,必有辞,一语之助辞有多至十数字者。其为语皆先物而后事,先实而后虚如读书则曰书读,作字则曰字作之类。此皆于汉文不相比附,强袭汉文而用之。名物

象数用其义而不用其音,犹可以通,若语气文字收发转变之间,循用汉文,反有以钩章棘句、诘曲聱牙为病者,故其用假名也。或如译人之变易其辞,或如绍介之通达其意,或如瞽者之相之指示,其所行有假名,而汉文乃适于用,势不得不然也。

自传汉籍,通人学士喜口引经籍,于是有汉语。又以尊崇佛教,兼习梵语。地近辽疆,并杂辽人语。王、段博士所授远不可考,然其人来自济,或近北音。唐时音博士所授名为汉音,僧徒所习名为吴音,今士夫通汉学者往往操汉音。吴音大概近闽之漳、泉,浙之乍浦,而汉、吴参错,闽、浙纷纭,又复言人人殊,其称五为讹,称十为求,沿汉音而变者也。称一为希多子,二为夫带子,此土音也。市廛细民用方言十之九,用汉语亦十之一。此外称男子为檀那,则用梵语也。称妇人为奥姑,则用辽人语也。其他仿此。日本之语变而愈多,凡汉文中仁义道德、阴阳性命之类,职官法律、典章制度之类,皆日本古言之所无,专用假名,则辞不能达,凡汉文中同义而异文者,日本皆剧一训诂,刮一音读。买字如川、河之类,虚字如永、长之类皆然。故专用假名而不用汉文,则同训同音之字,如以水济水莫能分别矣。用假名贝不得不杂汉文,亦势也。汉文传习既久,有谬传而失其义者,有沿袭而踵其非者,又有通行之字如御、候、度、样之类,创造之字如辆、绘水作旋涡形,以禳大灾,名之目靳。拇地名。昌有北岛、昌田诸姓,读犹圃字。柠申木名,以之供神,故名。之类,于是侏侑参错,遂别成一种和文矣。自创此文体,习而称便,于是更移其法于读书。凡汉文书籍概副以和训,于实字则注和名,于虚字则填和语。而汉文助辞之在发声、在转语者,则强使就我,颠倒其句读以循环诵之。今刊行书籍,其行间假字多者皆训诂语,少者皆助语,其旁注一二三、及上中下、甲乙丙诸字者,如乐之有节,曲之有谱,则倒读、逆读先后之次序也。专用假名以成文者,今市井细民、闾巷妇女通用之文是也。

……

外史氏曰:文字者,语言之所从出也。虽然,语言有随地而异者焉,有随时而异者焉,而文字不能因时而增益,画地而施行。言有万变,而文止一种,则语言与文字离矣。居今之日,读古人书,徒以父兄、师长递相授受,童而习焉,

不知其艰，苟迹其异同之故，其与异国之人进象胥、舌人而后通其言辞者，相去能几何哉？余观天下万国，文字、言语之不相合者，莫如日本。日本之为国独立海中，其语言北至于虾夷，西至于隼人，仅囿于一隅之用。其国本无文字，强借言语不通之国之汉文而用之。凡一切事物之名，如谓虎为於菟，谓鱼为陬隅，变汉读而易以和音，义犹可通也。若文辞烦简、语句顺逆之间，勉强比附以求其合，而既觉苦其不便，至于虚辞助语，乃仓颉造字之所无，此在中国齐、秦、郑、卫之诗，已各就其方言，假借声音以为用，况于日本远隔海外，言语殊异之国。故日本之用汉文，至于虚辞助语而用之之法遂穷，穷则变，变则通。假名之作，借汉字以通和训，亦势之不容已者也。昔者物茂卿辈倡为古学，自愧日本文字之陋，谓必去和训而后能为汉文，必书华言而后能去和训。其于日本颠倒之读，错综之法，鄙夷不屑，谓此副墨之子，洛诵之孙，必不能肖其祖父。又谓句须丁尾，涂附字句以通华言，其祸甚于侏偶駃舌，意欲举一切和训废而弃之，可谓豪杰之士矣。然此为和人之习汉文者言，文章之道，未尝不可，苟使日本无假名，则识字者无几。一国之大，文字之用无穷，即有一二通汉文者，其能进博士以书驴券，召鲰生而谈狗曲乎？虽工亦奚以为哉？

至于"汉文"用作"汉代文章"之第三义，则如同"汉字"之为"汉代文字"、"汉籍"之为"汉代典籍"一样，未被周边国家所接受。

然而，周边国家在受容"汉文"的过程中，却另外衍生出一些古汉语中所没有的新意蕴。在日本语境中衍生的新意蕴，首先指以汉字为载体的中国学问，继指用汉字创作的作品，后特指日本人的汉文作品。

我们在第二讲介绍过二松学舍大学"日本汉文学研究之世界基地的构筑"基地（COE），该基地构建的"日本汉文文献目录数据库"的分类，可资我们参考。

大分类：日本汉文，和刻本汉籍，准汉籍，一般和书，洋书，论文；

四部分类：和刻本汉籍，准汉籍，汉籍；

日本十进位分类：日本汉文，一般和书。

如上所示，该基地将"汉文"与"汉籍"视为同类型的书籍载体，而且该基地的官方网站发布的主旨中声称："前近代的日本，汉字汉文的文献构成日本学术文化的主干。因此，日本汉文知识不仅对日本文化研究是必不可缺的，同时也是日本研究的基础。"东亚区域中"汉文"的重要性，由此可见一斑。

"汉文"指用汉语撰写的文章和著作，这个义项是中国语境中所没有的，而其产生的契机似乎与"训读"密切相关。有关这一点，下面予以详述。

"汉文"在古代东亚中具有举足轻重的作用，是构成东亚汉字文化的重要因素。日本著名文献学家长泽规矩也，曾撰《日本汉文学史资料及与此相关的图书学问题》[x]一文，专节梳理"日本汉文学"的概念。他首先指出："通观明治、大正时代，汉诗、汉文之语，行于世间而义甚不明。诚然，此'汉'非指汉代之王朝，而泛指古代之中国。"但这仅限于"文言文作品"，宋元以来科举考试时模式化的应策文、清朝上下通行的公文私牍——这些被称作"时文"的东西，"并不归入汉文之中"。长泽规矩也据此给"汉文"下定义：

> 如此，汉文的本义为"汉民族创作的文言体中国诗文"，然蒙古人所建之元朝，满洲人所创之清朝……（这些非汉族人）也不乏用文言体吟诗作文者，故定义为"中国人创作的文言体中国诗文"更为妥当。

在长泽规矩也所下的定义中，"汉文"完全等同于"汉文学"，即他打着"日本汉文学"的标题，却给"汉文"下定义——主体从"汉民族"扩大到"中国人"，然后又继续扩展至汉字文化圈内的其他民族：

> 还有，自古以来，汉字共荣圈内之人，不仅读汉文而且作汉文，他们的作品似也应对纳入其中。于是，此定义可扩充至"汉民族以外的民族，模仿汉民族的文言体中国诗文而创作的诗文"。

按照这个定义，所谓的"日本汉文学"，便成了"日本民族模仿汉民族的文言体中国诗文而创作的诗文"。

长泽规矩也把"日本汉文学"扩定在"诗文"的范围内,与二松学舍大学 COE 的定义——"本项目所言'日本汉文学',乃是以日本人用汉字汉文撰著的文献资料为对象的学问,对象范围不限于汉诗文等文学作品、记录类史学文献,涵盖佛典、佛书、天文历法、医书、本草等所有分野之文献"——相比,对象缩小了很多,显然无形中受到西方之"文学"概念的束缚。

然而,长泽规矩也的贡献也是伟大的,他把"汉文=汉文学"从"汉民族文学"的桎梏里解脱出来,置于东亚各民族共创共享的汉字文化圈中加以关照,使我们看到一个古老而庞大的文化体,在历史迷雾中逐渐显露出骨架。

那么,与"汉族的汉文学"和而不同的"日本的汉文学",究竟是如何架构起来的呢?二松学舍大学 COE 早在 2001 年就注意到"训读"的重要性:

> 没有固有文字的日本人,通过学习中国的汉字汉文而摄取中国的学术文化。在此基础上,不久发明"训读"这种独特的解读方法,不仅使吸收中国学术文化的对象范围飞跃般地扩大,同时日本人自身用汉字汉文创作了大量的著述。

近年,京都大学金文京教授出版《漢文と東アジア——訓読の文化圏》(岩波书店,2010 年),对长泽规矩也的蓝图施以色彩,对二松学舍大学的构想予以细化,提出令学术界耳目一新的"汉文文化圈"概念。他指出,关于"汉文训读",世人一直以为系日本人独创,但近年陆续发现朝鲜、维吾尔、契丹等中原周边民族的语言,甚至汉语本身也有"训读"现象;这种现象并非产生于儒教等中国文化内部,而是在汉译佛教的过程中,在外部文化刺激下萌发出来的;在东亚文化的形成过程中,借助"训读"而使汉文广为传播,因此以"汉文文化圈"概观东亚文化更为合理。

从"汉族的文学"到"中国的文学",再到"汉文的文学"——"汉文学"概念的外缘在次第延伸,而我们欣喜地看到,学者研究的对象也在不断拓展。

高文汉、韩梅合著的《东亚汉文学关系研究》(中国社会科学出版社,2010 年),仅涉及到日本与朝韩,即上篇共 5 节专论日本,下篇 4 节聚焦朝韩。这是比较传统的做法,即把东亚框定为中国、日本、朝韩,而在研究"汉文学"时习惯上剔除中

国,于是就变成日韩与中国的文学关系史。

王晓平 2001 年出版《亚洲汉文学》(天津人民出版社),作为"东方文化集成"之一种;2009 年由天津人民出版社再版修订本,该书在比较文学、中日文化交流史等领域多有发明。

作者对"亚洲汉文学"的提法有个说明:"不管这些文学在内容上有多么不同,在全部用汉字书写这一点上是完全一样的。所以,当需要把它们一并纳入研究视野,并且展开国际合作研究的时候,人们就希望找到一个公认的表述方式。迄今已有东方汉文学、东亚汉文学等说法,我这里采用的是亚洲汉文学。说法不同,所指大体相同。"

"说法不同,所指大体相同",大概是作者比较谦虚的说法。我倒是认为,该书将视野从传统的"中日韩"三国,扩展至越南乃至历史上的渤海国、琉球国,是否意味着"汉族之文学"曾经波及之地,均可作为"汉文之文学"研究的对象?在这层意义上,冠以"亚洲"要比"东亚"留有更多的余地。

事实上,已经有些学者在从事这方面的开拓工作,如裴晓睿的《汉文学的介入与泰国古小说的生成》(载《解放军外国语学院学报》,2007 年第 4 期),认为 18 世纪末至 19 世纪初曼谷王朝一世王时期,中国的《三国演义》和《西汉通俗演义》等古典小说传入泰国并激发当地作家的创作想象力,出现一系列译本和仿作,开创了泰国文学史上小说文类的先河。此前学术界的一般观点,认为泰国的小说史始自 19 世纪末(曼谷王朝五世王时期)西方小说的介入。

泰国的《三国演义》等的模仿作品,虽然不是用汉文撰写的,但裴晓睿《汉文学的介入与泰国古小说的生成》介绍,泰国法政大学中国研究中心分别于 1966、1985、1989 年连续举办"汉文学对泰国文学的影响"学术讨论,说明"汉文学"的概念在泰国是存在的。

如果把"汉文学"概念的内涵,丰富至中国文学对周边民族文学的影响,那么不仅泰国要纳入研究视野,印度及东南亚的许多国家亦可成为研究对象。

不过我个人并不赞同无节制地扩大研究范畴,毕竟汉文文学的传播及影响,与汉文文本的模仿及创制,应该是性质不同的两码事。

在"汉文学"理论建构方面,王晓平教授用力甚勤。他为《亚洲汉文学》

修订版所写的代序《亚洲汉文学是亚洲文化的互读文本》，开宗明义提出："在古代亚洲地区，不仅汉民族用汉字来书写，有些汉民族以外的民族，也曾经用汉字来记录自己的历史文化，还用汉字创作了大量文学作品。这些用汉字作载体的文学，都称为汉文学。"

显然，这里的"汉"既不指王朝年代，也不意味国家民族，而是指书写符号的"汉字"（确切地说是"汉文"）。作者接着说："域外汉文学虽是中国文学的亲戚，却是生在各方，不相往来，姓着各自的姓，过着各家的日子。"那么作者所说的"亚洲汉文学"，包括哪些国家或区域呢？

作者在修订版推出之前，撰写了《点击汉文学》一文，发表在《中华读书报》（2008年10月13日）上。文中说："盘点一下汉文学的家族，今天可以算成四大家：中国一家，日本一家，韩国朝鲜一家，越南一家，从历史上说，还有古琉球国一家，现在是算在了日本一家里了。"该书内容所涵盖的，除了中国、日本、朝韩、越南之外，还涉及到琉球、渤海等。

南京大学的张伯伟教授认为："域外汉籍研究是本世纪一个崭新的学术领域，其价值和意义完全可以和上世纪的新学问——敦煌学作模拟，甚至有以过之。"（张伯伟《东亚汉籍研究论集》，台湾大学出版中心，2007年）

我很赞同这种说法，还要强调一点，那就是出土文献与传世文献，两者在文化传承上具有本质区别，后者的价值和意义远大于前者。那么，这些价值和意义体现在哪些方面呢？王晓平在《点击汉文学》中列出以下几点（序号为引者所加），可供参考：

（1）首先，在邻家汉文学中，保存着中国散佚的文学文献。近年来对各家汉文学中保存的敦煌文学文献及其相关文献的研究，证实了这一点。当然，其中也包括文字学、历史学等的材料。来华的使节、留学生、僧侣撰写的汉文撰写的汉文游记、笔记，以别样的眼光，记录了中国历史的细节。其中朝鲜使节撰写的大量《燕行录》已在韩国整理出版，是为研究亚洲文化史的宝贵资料。同时，在这些记述的基础上，学士们还创作了很多以赴华使节经历为题材的汉文小说。

（2）其次，在邻国汉文学中，保存了中国文化与文学域外传播和接受史的丰富材料。在朝鲜汉文小说中，不少作品以中国为舞台，而在日本汉文小说中则不乏根据中国故事"翻案"（即改写为发生在日本的故事），乃至假托中国人写作的作品，这些都直接或间接部分反映了汉文化在周边地区的传播和影响，而在其中的千变万化，则折射出彼此的文化差异。

（3）再次，在汉文学中，保存了各国民族语言文学的中国元素的来源资料，欲对各国文学原始察终，辨同析异，则舍此不免见木不见林。日本明治时代成书《谈丛》引依田学海的话说："不熟汉文，则国文终不能妙也。顾世之学者，往往陷溺所习，是以笔失精神，文竟归死物。"依田学海的看法，很有见地，至于汉文与现代日文的关系，还颇有探讨的余地。各国情况又相距甚远，研究内容和方法都有待于探求。

（4）最后，汉文学本身，就是各国的"国文学"。韩国古典文学名著《东文选》序曰："是则我东方之文，亦非汉唐之文，乃我国之文，宜与历代之文并行于天地间，胡可泯焉而无传？"同样，日本汉文学虽然充满了源于中国文化的用典、戏仿（parody）、拼贴、改写、引用以及其他涉及文化各方面内涵的"前知识"，构成互文性参照，然而也正如王三庆《日本汉文小说丛刊序》中所说："如果追根究底，这些汉文学作品纵使以中国文学为肌肤，脉络中流动的却是日本人的意识形态和血液，在文化和文学的传承转化当中，曾经以思想前卫，引领一代风骚的姿态，走向未来。"因而，深化汉文学研究，也就可能催生出对该地区文学、文化研究的新成果。

王晓平先生对域外"汉文学"的价值与意义，已经说得很全面了。但从建构学科的角度来说，不避"蛇足"之嫌，再唠叨几句以作补充。

（1）首先，需要框定"汉文学"的范畴。如前所述，在日本及韩国语境中，"汉文学"的第一义指中国的哲学与文学，而现今国内学者大多只注目于域外人士的汉文作品，彼我之间可谓南辕北辙。

汉字文化圈（或"汉文文化圈"）本质上是一个视觉世界，因为沉默使互不相同的语言声音被掩盖起来，因而与经由翻译在另一种语言体系中恢复"听觉"，是大相径

庭的。把"汉文学"定格于"视觉世界"，与通过译介展示的"听觉世界"区分开来，即可浑然自成一个体系，划界相对比较容易。

以近代国家为单位划界很不合理，曾是"汉文学圈"相对独立成员、现在已经消失的国家或民族应纳入视野；相反现在归属某个国家、但历史上某个时期未接受汉文学的地区，则应排除在外；南亚、中亚甚至西方人士创作的汉文作品，也当成为研究对象。

（2）其次，需要确定"汉文学"的内涵。虽然在前近代东亚语境中，无论"汉文"还是"文学"，均是人文知识体系的统称，除了诗赋散文之外，还囊括戏曲、小说、儒学、史籍等；但既然要面向未来重构"汉文学"，必须兼顾近代的知识体系与学科分类，如果按照二松学舍大学COE的做法，"对象范围不限于汉诗文等文学作品、记录类史学文献，涵盖佛典、佛书、天文历法、医书、本草等所有分野之文献"，那么"汉文学"变成无所不括的大杂烩，不具有排他性就意味着核心意蕴的丧失。

考虑到古代东亚没有萌生近代意义上的"文学"，而西方"文学"概念所涵盖的对象，在东亚则散见于各类著述体裁中，例如史籍中的上古神话与民间传说、佛典中的偈颂与传记及譬喻、儒书中的典故与文论，乃至绘画上的题赞、碑刻中的行实等等，均具有"文学"色彩，应当纳入考察范围。

总而言之，现在我们重构"汉文学"，意味着参照近代西方的"文学"概念，对东方传统的知识体系进行一次脱胎换骨的重组，要在既不能死守东方的陈规，也不必照搬西方的套路。

（3）最后，需要建立"汉文学"特有的研究方法。中国的文化典籍，传统学者注重在中国历史中的时间传承历史，新近学者开始关注在东亚区域中的空间传播，除了"传承力"、"传播力"之外，我认为探究她的"创新力"是非常有意义的。她能冲破语言的屏障，超越民族的藩篱，在异国他乡催生出万紫千红的奇葩，试想这是多么蔚为壮观的景象！所以说我们把"汉文学"置于"东亚"这个平台，然后必须兼顾两个源头——中国文化辐射的源头与域外文化发露的源头。

我曾经将域外汉文典籍的研究，分为以下三个层次：①中国文化在域外的传播；②中国文化对域外文化的影响；③中国文化激发域外文化的创新。并指出：

中国文化对域外的影响，由衣裳而化为肌肤，再溶为骨骼与血肉，是个由浅入深、由表及里的历程。因之，我们的研究不能浅尝辄止，停留在第一层次，或踌躇于第二层次，应该深入至第三层次，最大限度地拓展中国文化的国际化意蕴。[xi]

这大概就是我们研究"汉文学"的意义与价值、动力与使命之所在。

【附记】笔者在北京大学工作期间，参与张玉宁教授主持的国家社科基金重大招标项目"东方文化史"（批准号：11&ZD082），本文原题"东亚视域中的'汉文学'"，作为阶段性成果递交课题组，由课题组推荐发表在《东方论坛》2013年第5期。此次应二松学舍大学江藤茂博教授之邀，略作修改收入该校主编的论文集，谨此鸣谢！2017年11月1日记。

---

[i] 鲁歌：《对1981年出版的〈鲁迅全集〉的若干校勘》，载《绍兴师专学报》，1984年第1期。
[ii] 鲁歌：《为〈古代汉文学史纲要〉正名》，载《中山大学学报》，1985年第3期。
[iii] [清]陈康祺《郎潜纪闻》卷八："国初孙徵君讲学苏门，号为北学；余姚黄梨洲宗羲，教授其乡，数往来明越间，开塾讲肄，为南学。"
[iv] 加藤周一著，叶渭渠、唐月梅译：《日本文学史序说》上卷《致中国读者》，开明出版社，1995年版，P.3。
[v] 加藤周一著，叶渭渠、唐月梅译：《日本文学史序说》上卷，开明出版社，1995年版，P.8。
[vi] 网址为：http://www.nishogakusha-coe.net。
[vii] 李惠国主编《当代韩国人文社会科学》，商务印书馆，1999年，P.161。
[viii] 刘半农：《我之文学改良观》，载《新青年》3卷第3期，1917年5月1日。
[ix] 刘半农：《我之文学改良观》，载《新青年》3卷第3期，1917年5月1日。
[x] 此文收录于山岸德平《日本漢文学史論考》，[日]岩波书店，1974年。
[xi] 王勇：《从"汉籍"到域外"汉籍"》，载《浙江大学学报》，2011年第6期；《新华文摘》2012年第3期转摘。

私立学校の力学×文学部の力学

江藤 茂博

　近代の学問として「哲・史・文」のジャンル区分を設定した日本の大学は、それまでの日本の文化にいわば根付いていた学芸の伝統とかけ離れたものを、そこに構築することとなった。そのために、国学・漢学や芸能などの日本の学芸は、制度的にも紆余曲折を経て、西洋学問をモデルとした「哲・史・文」に再編あるいは排除されていくことになったのである。帝国大学の成立後に私立大学として認可されていく旧制私立大学文学部の内容構成も、それぞれのミッションを踏まえながらも、帝国大学と同様の、西洋学問の移入とこれまでの学芸領域の近代的再編化であった。それら「哲・史・文」という区分と結びつく文学部での学問とは、近代的な「真理」を解読するために延々と繰り返される知の営為なのである。どのような学問であれ、自らの論理的な拠りどころの追及（哲学）と資料の解読（史学）そして言語表現による文化的同一性の構築（文学）を手放せない以上、「哲・史・文」は、近代文化の基礎的な領域としての原理的なものを持っていた。

　さて、最初期の私立大学とは、当初は1903（明治36）年の「専門学校令」の下での「私立大学」であった。実質は、旧制の専門学校である。なんのことはない、大学という名前がなければ学生が集まらないというものでもあったのだ。やがて、私立大学も、1918（大正7）年公布の「大学令」によって大学として認められることになり、特に専門学校であった私立大学は、大学としての認可を求めて申請することになる。こうして、第二次世界大戦が終わるまでに、いわゆる旧制の私立大学は30校ほどが設立していたのであった。

何らかのミッションを持って私立学校が出発し、そうした学校がさらに高等教育を担おうとする意志を持つことになるには、そこにどのような力学が生まれているのだろうか。そのことを考えるために、まず私立学校が示す喜劇的な苦難の歴史を一部紹介してみようと思う。
　たとえば、宗教的なミッションスクールはその苦難のわかりやすい事例を示すこととなった。古くより存在したとする仏教宗派の学林は、明治政府の下で近代的な学校に変貌していくことになる。それはキリスト教の学校が近代日本の諸制度に合わせるという意味では同じ変貌であった。アメリカ聖公会による立教学院の尋常中学部は、上級学校進学と徴兵猶予の二つの資格で生徒募集の力を持っていたが、1899（明治32）年の「訓令第十二号」で中学での宗教教育と宗教儀式が禁止されると、寮でのキリスト教教育のみに切り替える。宗教教育を学課からは外すことで、認可校として存続する道を選んだのだ。また、禅宗の駒澤大学や浄土宗そのほかの仏教連合の大正大学は、旧制大学に移行した後も、高等師範科を持ち、いわば市場性のある学科・課程を保持していた。
　日本大学を例にすると、夜間に小学校教師を対象として、上級学校の教員資格を卒業生に無試験認定で与えることができる師範科等を設置し、学生を集めていた。さらに、旧制第一高等学校の教授を集めて進学予備校をも経営していた。学生を集めて授業料を得るための事業であった。多くの私立学校は、こうした多角的経営で授業料収入を得て、必要な資金を用意し、そのことで上級学校の認可そして特典を得ていくことになる。また、上級学校になるということは、先の教職免許の卒業生無試験認定だけでなく、徴兵の猶予などの帝国大学等の官立学校に準じた特典を手にすることであり、そうした官立学校に準ずる特典が無ければ、私立学校に学生は集まらないのである。
　戦時下、1943（昭和18）年に文系大学生の徴兵猶予がなくなると、政府の方針に応じる形で、私立大学は理系学部の拡張を目論む。もちろん、理工科系のみ徴兵猶予が認められたからであり、私立大学としては学生確保のため

の拡張である。米国聖公会によって設立された立教大学は、1942（昭和17）年に「皇国ノ道ニヨル教育」という表現に学則を変えただけでなく、1944（昭和19）年には立教理科専門学校を設立する。日本大学では、1944（昭和19）年に芸術科を工科に転換させて写真工業科と映画工業科に組み替えてしまう。またこの期は、興亜工業大学や大阪理工科大学など、理工科系の新設私立大学も登場することとなった。

　私立学校がより上級学校へと向かう力学には、人間のどのような欲望あるいは志向が組み合わされていたのだろうか。確かに、私立であっても知的共同体としての「権威」の保持や、逆に私立だからこその企業としての「利潤」の追求があっただろうし、そして同窓というメンバーシップが「連帯」の強さと価値の向上を求めたのかもしれない。家や藩や地域といった共同性と同じ表象を持つものとして学校は機能する。そして、「権威・利潤・連帯」を志向する私立学校に、直接あるいは間接的に結びつきながら、「哲・史・文」の学問もまた「真理」への知の営為を繰り返してきたのである。そこに、学問のしたたかさを私は見たいと思う。

　さらに、第二次世界大戦後、占領軍による大きな教育改革が実施される。そうした状況の下で、私立大学は新制大学として国立大学よりも先に名乗りを上げることに成功した。もちろん、その後の文部省は許認可権を以って私立学校を厳しく監督することになる。しかし弱小私立学校はしたたかにも、国立大学の退職教員や文部省あるいは教育関係の退職役人を雇い入れ、コスト面の軽減化や情報入手の容易さを手にする。いわば持ちつ持たれつの関係を保持していくことになる。特に新設ラッシュの頃の私立大学は国立大学の教授・事務長等の天下り先となり、皮肉としてだけではなくて、彼らは私立学校に多大な功労をもたらすことになった。こうして私立学校は、「権威・利潤・連帯」の市場的な価値とそのバランスは様々であれ、より上級学校への志向性を秘めながらしたたかに拡充を展開する。繰り返しになるが、「哲・

史・文」の学問もまた私立学校の庇護のもとに生きながらえてきたのである。もちろん、文学部の「哲・史・文」という学問性が、私立学校の「権威・利潤・連帯」への志向性とそのまま重なるものではない。しかし、私立学校が教育研究機関としての存続の意味を持つならば、そこでの高い学問性は不可欠のものとなる。このことは重要である。さらに、高い学問性は、私立学校の「権威」と結びつくことになるだろう。そして、私立学校がたとえどのような看板を掲げざるを得なくなっても、それが近代の高等教育機関である限り、そこには「真理」を追求するために延々と繰り返される知の営為がなくてはならない。何故ならば、こうした「真理」を問い続ける知の営為を、学問という「権威」と重ねて、実践的な教育を絶えず問い直す視座にするという手立て以外を私たちはまだ持っていないからだ。

文学部とは何か？

鷲田 小彌太

1 「文学部」などというものはそもそも存在しない

大学と大学寮

　大学 (university) とは、もともと（日本でも）、「学位」を授与する機関（組合）であった。聖職者・医者・法律家・教師等、学位をもつ教授会（職能組合＝faculty）なのだ。19世紀、マルクスは、無職であったが、大学で学位（博士論文を提出）授与されたので、ドクター・マルクスと呼ばれた。対して、大学寮 (college) は学位を習得する学生の組織（予備課程）であった。卒業証書をえた学士と博士との違いだ。

　大学は、各教授会と各カレッジ（単科大学）群の集合体で、カレッジやインスチチュート（研究機構）等と区別して、大学院（博士号を授与する）総合大学と呼ばれてきた。しかし、アメリカのマサチューセッツ・インスティテュートやイサカ・カレッジ等は、大学院をもつ「総合」的大学だが、伝統的な神学部（教会）をもたない等の理由で、ユニバーシティに類別されない。日本では総じて大学をユニバーシティという。

　日本の大学も、西欧に負けず劣らず、古い。唐の影響のもとに、律令制が導入され、貴族の官吏養成機関として大学寮が設立され、明教道をはじめとする各学科は、博士1人・助博士2人で構成され、学生を選抜・指導した。文章博士には、右大臣まで昇った菅原道真がいる。

　この高等教育の伝統は、官立・私塾、士・民とを問わず、広くかつ長く伝えられ、江戸期に昌平黌（幕府）・藩校（弘道館等）・私塾（適塾・順天堂等）

等に受け継がれた。

文科・文学科・文学部

　明治政府は、旧幕の昌平坂学問所、開成所、医学所を母体に大学校を開き、1877年、東京大学を法・文・理・医の4部門（大学校）からなる初の近代大学としてスタートさせる。その予備課程として、順次、各地に旧制高校（高等中学校）をおいた。

　ここで「文」とは、「文科」大学校のことで、第一＝歴史・哲学・政治学科、第二＝和漢文学科からなる。のち史が外れ理財が加わる。そのご、第一から歴が落ち、哲と政治・理財が分離して、文科は第一＝哲、第二＝政治・理財、第三＝和漢文学に、そして、85年文科から、政治・理財が抜け、法科大学校として独立した。

　86年、帝国大学令で、文科大学校が、哲・和文・漢文・史・博言（→言語）・英文・独文の7学科となる。そのご、国史・仏文を加え、09年9学科を哲・史・文の3学科に統合する。「哲史文」が「文科」（文学部）の原型（the type）となった（とみていい）。

　1919年、学制の大改革で、「分科」制を廃止、ようやく「学部」制になる。この数次の学制改革で、「文科」の推移で判明するのは、①文科＝人文科（humanities）＋社会科（social sciences）→②文科＝人文科→③文科＝文学部という変化だ。「文学」部と「文学」科という、同じ「文学」なのに異なる意味の「術語」が生まれ、混乱の因となった。

　帝大は順次9大学まで拡大するが、東京・京都帝大以外には、文学部は設置されなかった。ちなみに他の帝大、東北・九州・京城大は法文学部、台北大は文政学部で、北・名古屋大は、文科がなかった。

新制大学　教養部と文・法・経　理・工・医・農

　敗戦により、49年、各県に国立大学が新設された。多くは旧制高校等の「昇格」で、各地の教育事情に即して、「文科」系の学部も新設された。

たとえば弘前大学だ。教養課程（教養部）の上に、専門課程（学部）があり、文理学部（→農併設）→人文（文・経→人文・経）→2016年人文社会学部。

あるいは大阪大学だ。専門課程に、48年法文学部→49年文学部＝哲・史・文学科→哲・史・文・教育（→72年人間科学科新設。哲に併設の社会・心理と教育学科が独立）→73年美学科増設→86年日本学科増設→95年文学部・人文学科に統合、専門分野が6学科目＝人文基礎・歴史文化・地域文化・言語基礎・文学表現・芸術文化に分かれる。

早稲田大学（東京専門学校）は「文学科」をもったが、1920年、正式に大学となり、文学部となる。上智大は28年大学に昇格して文学科を設立、48年文学部（哲・史・文）となる。

これは伝統ある大学の文学科（＝部）の推移で、他の多くの大学は、「文科」系の学部、たとえば教養（humanities）・法文・国際文化・人間・文化等々をつぎつぎに国に申請し、認可されていった。あるいは阪大や東大のように、文学部＝人文・文化学科というように、ダブルスタンダードで進むところもある。すべて「文科」＝「文学」としたことに因がある（ように思われる）。

2　文学部も人文学も存在しない!?

文学部ではなく哲学部？

それにしても文学部（department of literature）とは奇妙な名称だ。リタラチアのデパートって、図書寮(ずしょ)のことか？　冗談ではないが、まさか？

東西最古の歴史書といわれる、ヘロドトス『ヒストリアエ』も司馬遷『史記』も、「書かれたもの」という意で、文学であり文献だ。物語であり歴史だ。文献と歴史の「理(ロジック)」を明らかにするという意味で、哲学だ。文学と歴史と哲学はいわば三位一体なのだ。（今日でもそうだといっていい。）

哲学の第一走者であるプラトンも孔子も、その書かれたもの（作品）、『法律』や『論語』があって、哲学者の第一走者といわれ、その学園と学塾は、大学の「始源」といわれる。そして、プラトン学園の門には「幾何学を知ら

ぬ者は、入るべからず」と書かれていた。

「自然」に対して「文化」（culture）という。自然科学（natural sciences）に対して人文科学（humanithies）という。ヒューマン・サイエンス（人間科学）というとぴったりくるようだが、哲学や文学は、サイエンスの一分野なのか？そういえば、ヨーロッパ最古の大学の一つ、ハイデルベルク大には、文学部はなく、（現在も）哲学部しかない。ハーバード大にも文学専攻はあるが、文学部はない。これが欧米の伝統だ。

近代「大学」の原型、ベルリン大学

世界の大学の成立はさまざまだ。英・仏・伊・独、それに米等々で事情と形式が異なる。ここでは、近代大学の嚆矢とされるベルリン大学をとり上げてみよう。

経済学はイギリス、政治学（社会主義）はフランス、哲学はドイツを源流とする。マルクスはこの三源泉を批判的に統合して、マルクス主義革命学説を作り上げた。こうレーニンは断じた。とはいえ、イギリス経済学（アダム・スミス）、フランス社会思想（ルソー）、ドイツ哲学（カント）を批判的に統合したのは、マルクスではない。マルクスが師と仰いだヘーゲルだ。

そのヘーゲルが最後に研究教育の花を咲かせたのが、カントの哲学理念を生かしてフンボルトたちが創設（1810年）したベルリン大学だ。この大学は、①哲学部を基軸とする②神学部③法学部（専門）④医学部（専門）を擁する4学部制だ。ヘーゲルは哲学部に属した。歴史的にいえば、哲学という大本から神学・法学・医学が分離（デパート）したといっていい。

おそらくヘーゲル学徒でマルクス哲学者であった廣松渉が属した東大の教養（カルチュア）学部は、教養（liberal arts）課程のことではなく、ベルリン大の哲学部に倣った（とみていいだろう）。

現在、ベルリン大には、12専門分野（学部）がある。①政治・社会②歴史・文化（Kultur）③哲学・人文（Geistes）……で、「文科」に関していえば、創立当時の東大と（ほぼ）同じだ。

文化学・人文学はヒューマニティズ

　現在、東大は文学部を「文化」（culture）学で括り（思想文化学、行動文化学等々）、阪大は「人文」（humanity）学で統合（人文基礎学＝哲学、歴史文科学……）しようとしているが、いずれも「文学」では括ることができないからだ（ろう）。それあるか、東大は 2018 年から、阪大と同じように、文学部＝人文学科制になる。

　なぜか？ カルチュア（Kultur＝culture）と違って、ガイスト（Geist）にぴったり対応する英語がない。spirit、mind、brains、morale（士気）、ghost だ。むしろ歴史的・学術的にいうと「道徳」（moral）に対応する。いずれにしろ「精神」も「道徳」も、多様・雑多な含意の概念で、humanities（ヒューマニティーズ）というしかない（だろう）。

　つまるところ、字義上、東大には、2 つの humanithies、教養学部と文学部ができあがる、ということになる（といっていい）。興味深い。

　ヘーゲル（ドイツ）では、狭義の哲学は①「論理学」で、②「自然哲学」に対するのは③「精神哲学」だ。ヘーゲルの主著、『精神現象学』『歴史哲学』『法哲学』も、精神哲学の著作で、アダム・スミスの『道徳感情論』も『国富論』も道徳哲学（法哲学）の著作であるのと同じだ。

　ただし哲学者（と呼ばれる人たち）は、自然と人間（精神）を含む全宇宙を対象としたのであって、タレス、デモクリトス、プラトン、アリストテレスを問わず、デカルト、ライプニツ、カントも、ヘーゲルも、自然も人間（精神）も考察対象にした。ただし、「自然」といえども、人間を取り巻く世界だ。

3　文科と理科

人文科学などない

　1972 年、大阪大学に「人間科学部」が創設された。日本で初めての試み

で、母体は文学部で、教育科と哲学科に属した社会・心理分野が分離独立したのだ。「人間」を科学的に研究・教育するという主意である。

　鬼才小室直樹（1932〜2010）は、自然科学に最も「近接」した「科学」に経済学と心理学があると論じ、自然科学の手法をモデルとする経済学（数理経済学）と心理学（行動心理学）を確立すべし、と主張した。

　これは、自然科学の手法をモデルにした「人間」の科学的研究をめざすもので、「人間科学」の創設と軌を一していた（といえる）。裏面からいえば、哲学や歴史学や文学は、「学」（sciences）を標榜するが、「文学科学」や「人文科学」の存立条件はない、ということを意味した。

　他方で、哲学・歴史学・文学は、「科学」ではない。科学哲学（科学的な哲学研究・教育）や科学文学（科学的な文学研究・教育）は可能だろうが、本来の哲学（純哲）や文学（純文学）とは異なる。物語（story）性を排除した歴史（history）は、歴史「科学」かもしれないが、人間のいない無味乾燥な歴史「学」にすぎない。こう文学部の正統を任じる哲史文は反論した。

　同じように、「人文」分野の、あるいは「文化」分野の科学的研究は可能だが、「人文科学」や「文化科学」は、本来の人文学や文化学を逸脱したものだ。「文学」科学と同様に「人文」科学など形容矛盾に等しい、という反論も生まれた。（もちろん、この裏側には、学問の名を借りた、陣取り合戦、縄張り争いがあった。）

文と理

　理系と文系という。通常は、理系＝自然科学分野、文系＝人文科学分野と社会科学分野を指す。

　とはいえ「科学」とは、英語でサイエンス（science）、ドイツ語でヴィッセンシャフト（Wissenschaft）で、たんに「学」、総じて「学問」のことで、知の体系的追求を意味する。通常、「理」系＝物理学（physics）をモデルとする自然科学の諸分科と、「文」系＝哲学（愛知）をモデルとする「人文」科学と社会科学の諸分科との総称だ。正確を期せば、Science（大文字の科学）は存

在せず、sciences（分科学）があるだけなのだ。

　科学とは、だから、諸分科学のことであり、かつては、大文字の学問、哲学（philosophy＝愛知）といわれた。この伝統は、現在も消えておらず、「哲学」という翻訳語を創った西周がいったように、哲学に「百学連関エンチクロペディ」を束ねる役割を与えた。

学＝科学

　以上の議論の根底にあるのは、「学」（sciences）とは何か、という問題だ。

　ニュートンの「万有引力の法則」は「正しい」。だが、「万有」（all nature）というが、あらゆるものについて、いつでも・どこでも妥当するわけではない。等質な時間と空間という前提（仮定）のもとにある巨視的物体間（世界）で妥当する法則にすぎない。微視的物体、たとえば素粒子の世界では、成立しないのだ。

　つまり科学（諸科学）は、ある特定の対象（世界）で妥当する（正しい）、という限界リミットをもつ。この限界を認めないのは、科学者ではない。

　「科学」の正しさは、ある限界内のものだ。つまり、科学（認識）は変化＝進化する。その進化によって、これまでは「共通の真理」とみなされてきたものが、部分真理に、あるいは「誤謬」に転じる運命を担っている。諸科学においては、厳密にいえば、「絶対」はないということだ。

　重要なのは、科学は、「事実」を重視するが、事実を丸ごとつかもうとはしない。できない。どの視点（角度や分野）から見る（分析する）のか、という前提（仮定）を必ず含む。複合的、あるいは「総合」的視点といっても、「特定」の前提に立つのだ。

　学とは、自分が設定した前提（仮定）を自覚していないと、自分の説を無条件に「正しい」と主張する、誤り（独断）に陥る。学は自然科学であろうとも、必ず（もし何々ならばという）仮説を含むということだ。

4　哲学ならびに文学の運命

哲学

　哲学は、かつて（一部はいまでも）「大学」の諸専門分科（法・経済・物理・化・生物・医等々）の総体、あるいは基礎部門といわれた。哲学者は、学者（artist and scientist）の祖であったのだ。

　哲学者とは万学に通じている知者・賢者のことで、いうなればプラトンでありデカルトだった。孔子であり朱子だった。だが人間の「体」を対象とする医学も、人間社会（国家）を対象とする法学も、神学も物理学も、哲学から独立し、哲学を諸分科学（諸学＝sciences）と並ぶ一部門、ないしは諸学の一分野（たとえば、法哲学、医学概論）とみなし、ついには、哲学は諸学の婢(はしため)（maid-servant）さながらに転じた。こう嘆いたカントは、哲学の復権を図り、諸科学に還元されない、哲学の独自で不変な内容を明示しようとした。

　だが専門知識を研究するさまざまな分野（分科）は、ますます分・複雑化し、高度・総合化を進めた。哲学は、日本でも、旧帝大や有力私大で、わずかに人文科（＝文学部）の一部門を占めるにすぎなくなった。そこでは、「哲学」を「純哲」（学としての哲学＝哲学学＝大学哲学）と「大衆哲学」（雑哲）に分かち、「哲学」の存在意義を狭く固くすることで、堅守しようとしている。あるいは、ほとんどの大学で、「哲学」は一般教育（教養課程）の1科目として余命を保っているにすぎない。

　では哲学はもはや無用の長物となったのか？　大学の専門分野に占める地位はなくなったのか？　これが引き続く現下の問題だ。

文学

　もっと厳しい運命は「文学」にある。「文学はなぜ大学で研究する必要があるの？」という問いに、ぱしっと答えることができる文学研究者は、はたして何人いるだろうか？　そもそも「文学って何？」、に答えることができるだろうか？

哲学も歴史学も文学も、あるいは物理学と経済学とを問わず、すべて、「書かれたもの」＝「ことばによる営み」であり、文学（literature; letters）だ。つまるところ、「文献」（literature）なしに、いかなる学問も成立しないということを意味する。この意味で、学問・学芸（arts and sciences）は、経済学であろうが物理学であろうが、文献学であり、哲学であり文学であり歴史なしに存在しえない。

　だから「文学」は諸学の「王」だなどといいたいのではない。「言葉」抜きに、フィロ・ロゴス（愛・言葉）抜きに、諸学は成立しえない、ということだ。

　「文」学とは「文献」学のことだ。文献学とは Philologie（独語）で、文字通り「言葉」（論理）愛のことだが、外国から来た訳語ではない。伊藤仁斎の『論語古義』は文献学の精華だ。本居宣長『古事記伝』を見るまでもなく、日本の文学＝文献学は、ことのほか隆盛であったのだ。あえていえば、文献学は文の「読解」を基本とする学だ。文字通り「文」（書かれたもの）だけではない。最近、中澤千磨夫『精読　小津安二郎』（2017）を読んだ。小津安二郎作品（映画）を文学作品（文献）として「読解」する試みで、文学研究＝文献学の（古くて）新しい試みだ。かつては「文献」をかりて映画が作られた。その映画をかりて文献を書く。立派な文学じゃないか。

哲・史・文

　哲や文についていえることは歴史についてもいえる。

　「史」とはそもそも「書かれたもの」のことだ。「文」学の一形式なのだ。では歴史の歴史たるゆえんは何か。〈歴史は「人間の住む世界を、時間と空間の両方の軸に沿って、それも一個人が直接体験できる範囲を超えた尺度で、把握し、解釈し、理解し、説明し、叙述する営みのことである。〉（岡田英弘『世界史の誕生』）つまりは誰彼の手によって創られた「物語」（his-story）、文学に他ならない。

　こうみると、「文」の学＝知（sciences）の大本にあるのは、「知識・言葉・

物語」愛で、まさに「哲史文」をひとまとまりにして「文」愛＝文学とよぶことに、いささかもひるむ必要はない。「文」ファーストでゆく、それが「文」学（愛と知）の心意気で、「人文」学とか「文化」学とか、はたまた「人間」科学などに引け目を感じる必要はさらさらないのだ。文学の名に値する作品をじゃんじゃん書いて、「文学」名を高める、これ以外にない。

V

シンポジウムの軌跡

シンポジウムの軌跡

五月女 肇志

二松學舍大学文学部主催シンポジウム「たたかう文学部のリアル」

日時　平成 28 年 10 月 15 日（土）15:30〜18:30（開場 15：00）
会場　二松學舍大学 九段キャンパス 1 号館地下 2 階　中洲記念講堂
司会進行　江藤茂博（二松學舍大学教授）

第 1 部　「2014.3 名古屋大学文学部シンポジウム『文学部の逆襲』」その後—文学部に何が起こったのか—
　「死と書と文学部」塩村耕（名古屋大学大学院文学研究科教授）
　「文学部の逆襲・再論」多田一臣（二松學舍大学文学部教授・東京大学名誉教授）

第 2 部　たたかう文学部のリアル—文学部はどう考えるのか—
　「読解力からメディア・リテラシーへ—「文学部」の学びで身に付く能力—」酒井敏（中京大学文学部教授・文学部長）
　「シンポジウムに向けて—人生の本質へ碇をおろす—」植木朝子（同志社大学文学部教授・文学部長）
　「関西大学文学部の取組」藤田高夫（関西大学文学部教授・文学部長）

協同討議　文学部のリアル

二松學舍大学SRF文学部共同国際シンポジウム（共催　慶尚大学校慶南文化研究所）「文学部の現在―東アジアの高等教育　文学・外国語学・古典学／儒学」

日時　平成 29 年 7 月 8 日（土）13:30～17:00
会場　二松學舍大学　九段キャンパス 1 号館 2 階 202 教室
総合司会　江藤茂博（二松學舍大学教授）

第 1 部　東アジア文学部の現在
　「近代日本の文学部形成―「文学概論」を事例に」江藤茂博（二松學舍大学教授）
　「中国の高等教育機関における語文教育の人文性と実用性―そのジレンマと対策をめぐって」廖可斌（北京大学教授）
　「中国の独立学院」王宗傑（浙江越秀外国語学院教授）
　「人文学の研究教育と英語―香港城市大学を例として」王小林（香港城市大学准教授）

第 2 部　東アジアの高等教育（古典学／儒学）の現在
　「日本の大学における古典学の現況」町泉寿郎（二松學舍大学教授）
　「韓国における漢文古典研究の現況」張源哲（慶尚大学校教授）
　「現代中国における儒学教育の復興」朴銀姫（魯東大学准教授）
　「台湾の高等教育機関における日本語教育の現状と展望」林立萍（台湾大学准教授）
　「中国の高等教育機関における日本語教育・日本研究の現状と展望」王宝平（浙江工商大学教授）

総括討議　司会進行　牧角悦子（二松學舍大学教授）

大東文化大学文学部の直面する課題

河 内 利 治

1　大東文化大学文学部の沿革

　大正 10（1921）年、当時の国会である帝国議会にて「漢学振興ニ関スル建議書」が可決され、大正 12（1923）年、大東文化協会が設立され、大東文化学院が東京の九段に設立されました。

　戦後まもない昭和 24（1949）年、大東文化学院は新制大学に移行して、東京文政大学（文政学部）を開校し、日本文学専攻・中国文学専攻・政治経済学専攻を開設しました。昭和 28（1953）年に校名を大東文化大学と変更し、昭和 37（1962）年に文政学部を改組して文学部（日本文学科・中国文学科）と経済学部（経済学科）の 2 学部 3 学科を開講しました。

　爾来、文学部に、昭和 42（1967）年英米文学科、昭和 47（1972）年教育学科、平成 12（2000）年書道学科が開設され、本学現 8 学部 18 学科中、最大規模の学生数を誇る学部学科へと発展しております。

　平成 29（2017）年度現在、文学部は、日本文学科 150 人、中国文学科 70 人、英米文学科 130 人、教育学科 120 人、書道学科 60 人の 5 学科（数字は収容定員で合計 530 人）を擁し、さらに平成 30（2018）年度には歴史文化学科 100 人が新設される予定で、収容定員が合計 630 人になります。

　平成 30 年度新設の学部学科を加えて学生数の多い順に並べてみますと、文学部 630 人、法学部 375 人、経済学部 370 人、経営学部 365 人、外国語学部 360 人（中国語学科 70 人・英語学科 230 人・日本語学科 60 人）、スポーツ健康科学部 325 人（平成 30 年度新設看護学科 100 人を含む）、国際関係学部 200 人、環境創造学部 165 人の改組による社会学部 200 人になります。いかに文学部

が突出して学生数が多いかがお分かりいただけると思います。

　この文学部が、人文科学系の他学部との再編、学部内の学科再編（コース制への転換）、四年一貫教育という様々な大きな課題に直面しております。本稿ではその実状を報告させていただき、文学部の行方を模索してみたいと思います。他大学の文学部においては、すでに如上の課題について努力され、解決されておられると思います。残念ながら本学では、ほとんどが未着手の状況にあり、喫緊の課題でありますので、ぜひ忌憚なきご意見を賜ればと思い一文を草させていただきます。

2　「建学の精神」と「教育の理念」

　本学のホームページ中「大東文化について」には、次のように掲載されています。

> 　学校法人大東文化学園は、『東西文化の融合をはかり、新たな文化の創造をめざす』という建学の精神のもと、大東文化大学、大東文化大学第一高等学校、大東文化大学附属青桐幼稚園の3つの学校を設置しています。学園の中核をなす大東文化大学は、1923年（大正12年）当時の国会にあたる帝国議会の決議によって創設された大東文化協会が設置する大東文化学院を前身とし、中国学、日本文学、書道などの分野で比類ない伝統と歴史を誇ってきました。今日では人文・社会科学全領域だけでなく一部体育・保健衛生系の領域までもカバーする、8学部18学科を擁する総合大学へと発展し続けています。また、創設以来、中国やアジアに強い大学として世に認められてきましたが、今日では環太平洋さらには全世界に国際交流の輪を広げるなど、創設の理念「東西文化の融合」は脈々と受け継がれてきています。大東文化学園は、文化が交差する知の拠点として、深い教養をもった真の国際人の育成に努めています。

　如上のように、本学の前身は当時の帝国議会の議決により創設され、最初

に設立されました学部が、今日の文学部であり、日本文学科と中国文学科の2学科であります。

そもそも「建学の精神」とは、次の一文を指します。

> 漢学（特に儒教）を中心として東洋の文化を教授・研究することを通じて、その振興を図ると共に儒教に基づく道義の確立を期し、更に<u>東洋の文化を基盤として</u>西洋の文化を摂取吸収し、<u>東西文化を融合して新しい文化の創造</u>を目ざす。　　　　（下線部：大東文化大学門脇廣文学長）

同じく「教育の理念」とは、次の一文を指します。

> 大東文化大学は、建学の精神に基づき、東洋の文化を中心として広く全世界の文化に関する諸学を研究・教授し、その振興を図ると共に、東洋固有の文化を尊重し、その<u>伝統的美徳</u>を身につけて<u>豊かな人格</u>の形成に努め、併せて<u>国際的な視野</u>を持ち、<u>世界の文化の進展</u>と<u>人類の幸福の実現</u>に寄与できる有為な人材を育成することをめざす。（下線部：同前）

この「建学の精神」と「教育の理念」には、2組の概念が提示されています。

・「伝統の重視」と「新しい文化の創造」
・「伝統的美徳」と「国際性」

すなわち、漢学（特に儒教）に基づく東洋文化の基盤＝「伝統」による人格形成と、併せて西洋文化を吸収した新しい文化を創造する「国際性」を持つ人材育成との概念です。

言うまでもなく、本学文学部は「伝統」による人格形成と「国際性」を持つ人材育成を永らく担って参りました。これをどのように組み替えれば、よ

り良い教育を実践できるかが、いま問われているのだと考えます。

3　大東文化大学文学部で学ぶということは？

　文学部では、平成28（2016）年度の新入生から、大東文化大学文学部新入生サブテキスト『文学部へようこそ』（A4版61頁）を使用しています。その冒頭に拙文「大東文化大学文学部で学ぶということは？」を執筆しましたので抄録してみます。

　　これからみなさんは四年間、文学部の学生として多くの「知識」や「技能」を習得し、様々な体験を通して、大きく成長されていくことでしょう。そして習得し、体験したそれぞれの専門の知識と技能を活かして、社会で活躍しようと夢と希望に胸を膨らませていることでしょう。本書は、みなさん自身の夢と希望を実現していくために、様々な場面で役立つ情報をたくさん集めてみました。バラエティーに富んでいますので、ぜひ好きな所から読んで、サブテキストとして活用してください。
　　現在文学部は、古今東西の言葉・文字で綴られた文学作品について学習する（日文・中文・英米）、それら文学作品を手書きした書道作品について学び・書く（書道）、幼稚園・保育・小中高校の教科・教育指導について学習する（教育）の各学科に分かれて、深く専門的に「学び問い」ながら研究できる学部です。
　　これまで文学部は、いわゆる人文科学系＆教員養成系の総合学部として、様々な人材を輩出してきました。みなさんの先輩方には、日本社会のみならず世界各国の第一線で活躍されている方がたくさんいらっしゃいます。というのも、本学そのものが「文化」人を育成する大学だからなのです。
　　「文化」という言葉は、文化人類学・社会学では、「生活様式の全体」を指します。また「ある集団が共有するもの」の意味にも使います。日本人、中国人、韓国人、フィリピン人、スリランカ人、フランス人、ア

メリカ人、さらには関西人、セレブ層、若者などが、それぞれの集団の中でみんながもっているものだとされるのです。一国の中の集団で、関西人、セレブ層、若者などのもつ文化を、ひとつの大きな文化の中の一部をなす文化という意味で、サブ・カルチャーと呼びます。そしてこのサブ・カルチャーは、「世代から世代へと受け継がれるもの」だとされています。つまり、文化とは、ある国や層、地方の人たちなどの集団が共有し、親から子へと伝えられて行くような、生活の仕方すべて——だというわけです（大東文化大学名誉教授・近藤正臣著『通訳とは何か——異文化とのコミュニケーションのために』生活書院／2015 参照）。

　大東大生、文学部生、日本文学科生・中国文学科生・英米文学科生・教育学科生・書道学科生、すべてそれぞれの集団において、親から子へのように、先生から学生へ、また先輩から後輩へと、大東の「文化」を伝えてきました。今日からみなさんも、生活の仕方を共有する大東「文化」人の継承者なのです。

　みなさんは、日本語で文章を書き、言葉は日本語を話しています。文章を書くための文字は、約 2000 年前に漢字を中国から輸入し、平安時代に創造された平仮名と片仮名を使用しているのです。当時から筆でこれらの文字を手書きし、作品として読み継がれ鑑賞されてきました。現代では「書く（手書き）」から「打つ（印刷）」に急激に変化していますが、書くという行為は、「人」としての原点かも知れません。

　日本近代の幕開け、明治初めの文明開化期には、英語を中心とするヨーロッパの言葉が漢語に置き換えられて、数多く日本語に移植されました。たとえば、literature は「文学」、philosophy は「哲学」、art は「美術」、economy は「経済」に翻訳されました。「文学」は漢字文化圏のバイブル『論語』にも用例のある古典漢語を利用した翻訳語であり、元来は学問（学び問う）の意なのです。「経済」は江戸時代に貨幣が流通し、古典漢語の「経世済民」という言葉を利用してから翻訳語として用いました。「美術」「哲学」は日本人が新たに工夫した新造語です。その後、「文学」

「経済」「哲学」「美術」はそのまま漢語の本家である中国にも逆輸入され、今日に至るまで日本語と同様の意味で用いられています（興膳宏著『仏教漢語50話』岩波新書／2011 参照）。

つまり日本語の中の漢語は、(1)「文学」など日本古来の言葉、(2)「経済」など古代から近世にかけて移植した漢語を中心とするアジアの言語と一部の欧米語、(3)「美術」「哲学」など近代および戦後に輸入された欧米語、に大きく分けられ、表記されることが多いということです。また江戸時代までは「文学」を学問の意味でとらえ、literature を指すようになったのが明治以降だということです。

大東文化大学文学部では、主として印刷された文学作品または手で書かれた書道作品を学びます。そのためのカリキュラムが各学科とも多種多様に用意されていますので、日本語・漢語・英語で綴られた作品を読みとくための知識と技術を「学び問い」ながら、自身の才能を磨いていきましょう。

アメリカのデトロイトで元コンサルタントとして1000社、8000人以上のビジネスパーソンを観察し、『「仕事ができるやつ」になる最短の道』（日本実業出版社／2015）を書いた安達裕哉氏によれば、「うまく仕事に適応して、活躍する人」には、5つの共通項があるそうです。

　1　「知識」より「学ぶ能力」を重視している
　2　「上司」より「顧客」を重視している
　3　「主観」より「客観」を重視している
　4　「自分の知恵」より「集団の知恵」を重視している
　5　体力がある

「伸びる若手」は、以上の特性を持ち合わせた人物で、「柔軟で、体力のある人」と言えるようです。周りに合わせて自分の能力、意見、態度などを向上、変化させることができる人、そして、その変化のために粘り強く仕事を続ける人だそうです。この5つは、世界中で「仕事ができるやつ」「伸びる若手」に共通する項目として紹介されていますが、み

なさんがキャリアを形成していく時に求められる人物像とも考えられます。特に1つめの「知識」より「学ぶ能力」を重視している学生、5つめの体力がある学生は、学んだ知識をしっかりと自分のものにするために「能力を向上させる能力」を重視し、磨きをかけるよう努力する、その体力を備えていると思います。

　上記の書物に次のような例がありました。みなさんは次のどちらのタイプでしょう？

　　分からないから「やめる」　／　分からないから「やる」
　「インプット」が先　／　「アウトプット」が先

　たとえば、外国語の勉強をする際に、「インプット」を先にする人は、発音、単語、文法、言い回しの勉強などを先にします。そして、ある程度それが頭に入ったところで、次に「実際にネイティブスピーカーと話す」という順番になります。「アウトプット」を先にする人は、「ネイティブスピーカーと、とりあえず身振り手振りでもいいから話してしまう」が先です。数学も同じで、「インプット」型は教科書を理解してから問題集を解く。「アウトプット」型は先に問題集を解き始め、そのあとで分からなかったところを学習するという順番です。多くの人が「インプット」から始める要因は、おそらく「学校の勉強」での体験にあります。しかし「インプット」が先の場合、デメリットも多く、「習っていないからできません」「分からないからやりません」という言い訳が許されてしまいます。ですが、本来「きちんと習えること」など非常に少なく、とくに社会に出ると、予習できないことの方がはるかに多いのです。「習ったことがなく、勉強したこともないので、できません」は、仕事のなかでは許されないことも多いのです。ですから、「仕事のできる人たち」は「アウトプット」中心のスキルアップの仕方を身につけているそうです。

　みなさん一人ひとりが、公務員、教職員、一般企業への就職、大学院への進学や留学など、将来への夢と希望を抱き続けるなかで、どのよう

な道に進むかが分かれていきます。その夢を実現するためには、しっかりと、焦らず、授業を通して「学び問う」ことを繰り返して下さい。みなさんは大東「文化」人です。授業を中心に、クラブ活動、ボランティアなど様々な場面で「先輩から後輩へと受け継がれるもの」を培っていって下さい。そうすれば「文学部で学んだこと」がきっと社会で役立ちます。

　文学部は、伝統・古典・教養を重視していますので、何よりも専門の「知識」と「技能」を習得することが大切です。そして「学び問い」ながら習得した知識と技能に磨きをかけ、人間性を高めるためにも、日々の学習や体験のなかで、分からないから「やる」、「アウトプット」が先の「伸びる若手」をめざしてみましょう。

　上文は、文学部新入生向けに書いたものですが、茲に文学部の教育の原点があると考えています。『「卒業認定・学位授与方針」（ディプロマ・ポリシー），「教育課程編成・実施の方針」（カリキュラム・ポリシー）及び「入学者受入の方針」（アドミッション・ポリシー）の策定及び運用に関するガイドライン』（平成28年3月31日、中央教育審議会大学分科会大学教育部会）には、受け入れる学生に求める学習成果「学力の3要素」として、(1)知識・技能、(2)思考力・判断力・表現力等の能力、(3)主体性を持って多様な人々と協働して学ぶ態度、が挙げられています。またアドミッション・ポリシーでは、中教審並びに学習指導要領に準拠すると「資質・能力（コンピテンシー）の三本柱」（知識・技能／思考力・判断力・表現力／学びに向かう力・人間性）を求めています。

　「学力の3要素」にせよ「資質・能力の三本柱」にせよ、「学士力」を育成する場合、伝統・古典・教養を重視する文学部こそが、その教育の原点にあると言っても過言ではないと考えます。科学技術が日進月歩進化する現代社会であるからこそ、実学重視の世界であるからこそ、今を生きる人間の本質を問うことが、もっともっと重要視されなければならないのではないでしょ

うか。

4　大東文化大学文学部の直面する課題

　10年、30年、50年、100年、それ以上に一私立大学が、その文学部がさらなる伝統と歴史を刻んでいくためには、どのようなことから着手すべきでしょうか。それを考えるとき、まず日本全体が直面する課題と各大学独自が直面する課題にぶつかります。

　日本全体が直面する課題としては、「2018 年度問題」と「専門職大学」があります。18 歳人口の減少とそれに伴ってより厳しくなる 18 歳人口の争奪戦です。「2018 年度問題」とは、2018 年 120 万人の 18 歳人口が 13 年後の 2031 年には 87 万人まで減少し、約 2/3 の人口になると予測されることです。「専門職大学」とは、2017 年 3 月に閣議決定されましたが、2018 年度から参入する専門学校が増加するため、これにより 18 歳人口争奪戦が厳しくなるというものです。これが本年度入試からスタートします。

　各大学独自が直面する課題としては、入学者定員をめぐる「1.05 制約」と「東京 23 区内制約」があります。いずれも文部科学省からの通知によるものです。「1.05 制約」とは、2015 年 9 月に通知されましたが、大規模学部（一学年 300 人以上）は、学生定員×1.05 を上限に収容定員を管理せよとのお達しです。「東京 23 区内制約」とは、2017 年 7 月に通知されましたが、東京 23 区内にある大学は学生定員増加を禁止（学部・学科の新設の禁止）し、学生を 23 区外のキャンパスから 23 区内のキャンパスに移行することも禁止するとのお達しです。

　私立大学は主にいわゆる助成金と学納金によって経営されています。上記の「1.05 制約」と「東京 23 区内制約」は財政を直撃するものです。冒頭に述べましたように、2018 年度の文学部定員は 630 人になります。この「1.05 制約」は、在校生を含む 4 年間の全学生を対象に適用されるので、財政上非常に厳しいものです。また「東京 23 区内制約」は、学部再編、学科再編、四年一貫教育等の課題の取り組みを停止させるに等しいものです。これは撤

廃してほしいものです。

　学校経営は安定した財政基盤の上に成り立つものですから、財政最優先で考えなければなりませんし、とは言っても大学は教育研究機関ですので、「建学の精神」や「教育の理念」を重視し遂行しなければなりません。このことを財政と教育の板ばさみと考えるのではなく、前向きに両立する方向性を見出し、安定的な財政基盤にするための教育改革の方策を考えていかなければならないと思っています。そうでなければ、大学自体が社会の評価を得られませんし、存在の意義を見失うことになりましょう。

　「いずれにしろ様々な形で発生する問題の解決に、大学は学長を中心に責任をもって、自主的に組織を挙げて当たらなければならない。そのために法人化以降、学長がリーダーシップを発揮できるように学長裁量経費の増額のみならず、制度改正をしてきているのである。」（石弘光「逆風下の文系学部とその役割」、『IDE 現代の高等教育 No.575〈文系の危機〉』2015 年 11 月号）は、国立大学に対しての記述でありましょうが、私立大学にも当てはまる指摘です。自明の理ですが、本学文学部の直面する課題を解決していくためには、学長がリーダーシップを発揮して大学全体の教育改革を促進することに帰結します。

　最後に、2016 年 10 月二松學舍大学で開催されましたシンポジウム「たたかう文学部のリアル」に参加させていただき、他大学の文学部では、すでに本学が直面するような課題について努力され、解決されておられる現状を目の当たりにいたしました。また 2017 年 7 月同大学で開催されました『文学部の現在——東アジアの高等教育　文学・外国語学・古典学／儒学』予稿・資料集を拝読しますと、海外の大学でも同様に努力されていることが分かりました。これらに刺激を受けて小文を草しました。まとまりのない一文ですが、意のあるところを汲み取っていただければ幸甚です。

SRF・文学部共同国際シンポジウム　挨拶
文学部の現在
―― 東アジアの高等教育　文学・外国語学・古典学／儒学

　　　　　　学校法人二松學舍理事長　　水戸英則

　本日の国際シンポジウム開催にあたり、一言ご挨拶を申し上げます。

　今回のシンポジウム開催の目的、それは、文学部等に象徴される人文学系の研究・教育が、きわめて変化の激しい内外の社会において、その存在がいかに重要か、その意義を考える機会を設定しようという試みが背景となっていると思います。

　そもそも人文学系学問は、人間の思考、行動の結果、構成される社会の価値観とその在り方を、時系列的にその変化を考察し、異文化の人間の本質とその特性について、認識を深めることを目的とする学問であると考えられます。また同時に、人文学はこれまで我々に国語（日本語）の重要性を認識させ、精神面から我々の生活を豊かにする様々な知識を供給し、我が国文化の向上に貢献してきたといえます。

　小資源国家の我が国が今後とも発展を続けるには、我々日本人の知識・識見等知力を引き上げ、優れた人材を育成していく必要があり、その基礎は国語にあるといえます。したがって、人文学を軽視することは、国語の軽視につながり、我が国国民の知識レベルの低下を招く結果になります。

　とくに最近の急速なグローバル化や知識基盤社会化の進展の元で、多様な文化が衝突した時は、異文化や異なる価値観を相互に理解する力が不可欠であります。この点人文学は、正に批判的・論理的な思考力（Critical Thinking）を涵養し、それにより鍛えられた思考力は、物事の全体を把握して大局的にものを考える力を身に付けさせ、異文化や異なる価値観を理解させる力を養成させるものです。加えて、最近はAI、IOT、ビッグデータ等第 4 次産業革

命等科学技術の長足の進歩に伴い、これら技術が経済・社会構造へ浸透していく場合、ともすれば、技術レベルが先行し、研究倫理面や法的な側面が後回しになるなど今後様々な問題が沸き上がってくると想定されます。それを解決に導くのは人文学系の学問・知見にあり、自然科学系の知見を超えて、その役割はますます重要になってくるものと推察されます。またこれを一歩進めますと、今後はICT分野のみならず、病理学、細胞学、免疫学等の分野でも、同様のことがいえるわけであり、ここに人文学系の知見と自然科学系の知見との先端融合分野が、別の切り口として、見いだされてくると考えられます。

また、漢学は、これまでの過程で学術面では中国学、東洋学として構成され、教学面では、国語と並んで言語と道徳に関する学問として再編され、この学術体制は東アジアにも影響を及ぼしてきた歴史があるといえます。従って、人文学発展のため、漢学が再編された過程を共時的・通時的観点から考察し、漢学を通じて日本及び東アジアの近代化に与えた影響や問題点を探っていくためにも、東アジア各国の研究者とともに意見交換等十分な連携を取りつつ進めていく必要があります。

そういう意味で本日のこのシンポジウムは、重要な研究会であり、意見交換の結果、人文学の新たな知見の切り口が見いだされるなど実りある成果を上げていくことを祈念して、挨拶といたします。

あとがき

　二松學舍大学文学部及び文学研究科が、本学のSRF事業と共同で研究してきた事業の成果の一部をここにまとめることができた。関係の方々にはお世話になり、感謝の言葉をいくら繰り返しても十分とはいえない。SRF事業あるいは二松學舍大学の教育研究が向いている大きな学問領域の外円の一部をここに提出することができたと思う。さまざまな領域の、さまざまな時点での発言と成果が、本学の文学部での教育研究あるいは広く人文学の教育研究と結びついたかたちで、ここにはまとめられている。

　個人的な関係でいうならば、短い期間で、東アジアの大学を訪問する機会を得て、そこでさまざまな話題を各地で話すことができたのは、ひとえにこの報告書に論考を寄せてくれた研究者の方々のおかげである。実は、学会にも参加しないまま、興味ある事柄だけに目を向けてきた私が、偶然にも、所属する大学が積み重ねてきた東アジアと日本に関する研究に関わることになった。きっかけは10年前に二松學舍大学文学部長に就いたことである。改めて明治10年創設の漢学塾由来の学校が持つ文化的な蓄積や欠点、そして重ねられてきた教育研究内容について検討する機会を持つことになったのである。以来、さまざまな学内改革も提言し、理解されないわけではないが、反対する保守的な教職員は多く、関心を誰も持たなかった海外の大学との共同研究だけがわずかばかり私に許された自由だった。それはただ学内にいるよりは、とても魅力的なことでもあった。大学の改革や拡大に反対された私にとっては、外国の自由な空気が心地良かったのだ。いまや笑い話のような事実である。

　実は20世紀の末、留学生が日本の大学に大挙して押し寄せた頃から、私は時代の変動を身近に感じていた。また、18歳人口減による大学受験予備校が弱体化したことにも時代の移り変わりを感じたものである。私は、1999年にイリノイ大学に滞在し、その後2000年代に入るとすぐに東アジア各地の研究調査を開始した。その時から、私は自分の研究領域に東アジアとの接

点を組み立て始めていたのである。同時期に二松學舍大学の教員となった私には、先にも触れたように二松學舍大学文学部が持っていた研究の蓄積との接点が生まれ始めたのである。具体的には、二松學舍大学の同僚たちの東アジアに関する研究活動に参加させてもらったのである。

　また、2012 年に浙江工商大学の大学院で集中講義を担当して以来、東アジアの大学を 20 校ばかり訪問し、教育研究の交流を続けてきた。そこで確信できたのは、教育研究は国境を越えて支え合うものだということだった。旧知そして同僚の研究仲間からだけでなく、各国の研究者や学生たちからそのことを私は教えてもらったのである。私個人としては、この 10 年間の成果として文学部やそこでの教育研究について考えたことを、学術交流を重ねてきた先生方と一緒に報告できることが、何よりも望外の喜びである。また、あたたかく受け入れてくれた東アジアそして世界各国の友人たちに感謝申し上げたい。そして、本書は本学文学部教授五月女肇志さんの御協力と新典社編集部田代幸子さんの御尽力がなければまとめることなどできなかったと思う。併せて、ここに感謝の念を記しておきたい。

江藤　茂博

■ 執筆者者紹介 (掲載順) ■

江藤　茂博（えとう　しげひろ）
二松學舍大学　教授・文学部長
主著　『『時をかける少女』たち―小説から映像への変奏』（2001年, 彩流社）
　　　『論語の学校』時習編（2018年, 研文社）

塩村　耕（しおむら　こう）
名古屋大学大学院人文学研究科　教授
主著　『こんな本があった！江戸珍奇本の世界』（2007年, 家の光協会）
　　　『三河に岩瀬文庫あり―図書館の原点を考える』（2016年, 風媒社）

多田　一臣（ただ　かずおみ）
二松學舍大学　特別招聘教授
主著　『万葉集全解』全七冊（2009〜10年, 筑摩書房）
　　　『古代文学の世界像』（2013年, 岩波書店）

酒井　敏（さかい　さとし）
中京大学　教授・文学研究科長
主著　『森鷗外とその文学への道標』（2003年, 新典社）
　　　『鷗外近代小説集』第六巻（共編著, 2012年, 岩波書店）

植木　朝子（うえき　ともこ）
同志社大学　教授
主著　『風雅と官能の室町歌謡―五感で読む閑吟集』（2013年, 角川学芸出版）
　　　『梁塵秘抄』（2014年, 筑摩書房）

藤田　高夫（ふじた　たかお）
関西大学　教授
主要論文　「趙充国伝小考」『関西大学東西学術研究所創立六十周年記念論文集』（2011年, 関西大学出版部）
　　　「木簡のゆくえ」『東アジア木簡学のために』（2014年, 汲古書院）

牧角　悦子（まきずみ　えつこ）
二松學舍大学　教授
主著　『中国古代の祭祀と文学』（2006年, 創文社）
　　　『経国と文章―漢魏六朝文学論』（2018年, 汲古書院）

町　泉寿郎（まち　せんじゅろう）
二松學舍大学　教授
主著　『曲直瀬道三と近世日本医療社会』（2015年, 武田科学振興財団杏雨書屋）
　　　『渋沢栄一は漢学とどう関わったか―「論語と算盤」が出会う東アジアの近代』（2017年, ミネルヴァ書房）

王　宝平（オウ　ホウヘイ）
二松學舍大学　教授
主著　『清代中日学術交流の研究』（2005年，汲古書院）
　　　『日本藏晚清中日朝筆談資料─大河内文書』（2016年，浙江古籍出版社）

Kevin M Doak（ドーク　ケビン）
ジョージタウン大学　教授
主著　『大声で歌え「君が代」を』（2009年，PHP研究所）
　　　"Toward a Globalized Japanese Studies: What We Need to Learn from Modern Catholic Japan"『世界の日本研究』（2017年，国際日本文化研究センター）

徐　興慶（ジョ　コウケイ）
台湾中国文化大学日本語学科　教授・学長
主著　『東アジアの覚醒─近代日中知識人の自他認識─』（2014年，研文出版）
　　　『天閒老人獨立性易全集』上下兩冊（2015年，臺灣大學出版中心）

王　勇（オウ　ユウ）
浙江大学　人文学首席教授・日本文化研究所所長
主著　『歴代正史日本伝考注』五巻（2016年，上海交通大学出版社）
　　　『東亜文化環流十講』（2018年，上海交通大学出版社）

鷲田　小彌太（わしだ　こやた）
哲学・文芸研究（評論）家
主著　『人生の哲学』（2007年，海竜社）
　　　『日本人の哲学』（全5巻，2011〜17年，言視舎）

五月女　肇志（そうとめ　ただし）
二松學舍大学　教授
主著　『藤原定家論』（2011年，笠間書院）

河内　利治（かわち　としはる）
大東文化大学　教授・副学長
主著　『書法美学の研究』（2004年，汲古書院）
　　　『王羲之王獻之書法全集』（全18巻，2015年，ゆまに書房）

水戸　英則（みと　ひでのり）
二松學舍大学　理事長
主著　『今、なぜ「大学改革」か？─私立大学の戦略的経営の必要性』（2014年，丸善プラネット）

文学部のリアル、東アジアの人文学

2019 年 3 月 25 日　初刷発行

編　者　江藤茂博
発行者　岡元学実

発行所　株式会社　新典社

〒101－0051　東京都千代田区神田神保町1－44－11
営業部　03－3233－8051　編集部　03－3233－8052
ＦＡＸ　03－3233－8053　振　替　00170－0－26932
検印省略・不許複製
印刷所　惠友印刷㈱　製本所　牧製本印刷㈱

©Etoh Shigehiro 2019
ISBN978-4-7879-7862-2 C1037
http://www.shintensha.co.jp/
E-Mail:info@shintensha.co.jp